Tribus nativas americanas

Una guía apasionante de los cheroquis, chickasaw, choctaw, creek y seminolas

© Copyright 2024

Todos los derechos reservados. Ninguna parte de este libro puede ser reproducida de ninguna forma sin el permiso escrito del autor. Los revisores pueden citar breves pasajes en las reseñas.

Descargo de responsabilidad: Ninguna parte de esta publicación puede ser reproducida o transmitida de ninguna forma o por ningún medio, mecánico o electrónico, incluyendo fotocopias o grabaciones, o por ningún sistema de almacenamiento y recuperación de información, o transmitida por correo electrónico sin permiso escrito del editor.

Si bien se ha hecho todo lo posible por verificar la información proporcionada en esta publicación, ni el autor ni el editor asumen responsabilidad alguna por los errores, omisiones o interpretaciones contrarias al tema aquí tratado.

Este libro es solo para fines de entretenimiento. Las opiniones expresadas son únicamente las del autor y no deben tomarse como instrucciones u órdenes de expertos. El lector es responsable de sus propias acciones.

La adhesión a todas las leyes y regulaciones aplicables, incluyendo las leyes internacionales, federales, estatales y locales que rigen la concesión de licencias profesionales, las prácticas comerciales, la publicidad y todos los demás aspectos de la realización de negocios en los EE. UU., Canadá, Reino Unido o cualquier otra jurisdicción es responsabilidad exclusiva del comprador o del lector.

Ni el autor ni el editor asumen responsabilidad alguna en nombre del comprador o lector de estos materiales. Cualquier desaire percibido de cualquier individuo u organización es puramente involuntario.

Índice

INTRODUCCIÓN 1
PRIMERA PARTE: LAS TRIBUS CIVILIZADAS 3
    CAPÍTULO UNO: CHEROQUI 4
    CAPÍTULO DOS: CHOCTAW 13
    CAPÍTULO TRES: LOS CHICKASAW 19
    CAPÍTULO CUATRO: SEMINOLA 24
    CAPÍTULO CINCO: LOS CREEK MUSCOGUI 30
    CAPÍTULO SEIS: OTRAS TRIBUS 35
SEGUNDA PARTE: SENDEROS Y TRIBULACIONES 45
    CAPÍTULO SIETE: ANDREW JACKSON Y MARTIN VAN BUREN 46
    CAPÍTULO OCHO: LEY DE TRASLADO FORZOSO DE INDIOS DE 1830 53
    CAPÍTULO NUEVE: EL TRATADO DE NUEVA ECHOTA 58
    CAPÍTULO DIEZ: EL SENDERO DE LAS LÁGRIMAS 63
TERCERA PARTE: RESISTENCIA Y OPOSICIÓN 69
    CAPÍTULO ONCE: TIPPECANOE Y LAS PRIMERAS GUERRAS CREEK 70
    CAPÍTULO DOCE: LA TRILOGÍA SEMINOLA Y LA GUERRA DEL HALCÓN NEGRO 77
    CAPÍTULO TRECE: LA MASACRE DE SAND CREEK Y LA GUERRA DE NUBE ROJA 81
    CAPÍTULO CATORCE: LA BATALLA DE LITTLE BIGHORN Y WOUNDED KNEE 86

CUARTA PARTE: ¿LIBERTAD A QUÉ PRECIO? 92
 CAPÍTULO QUINCE: LOS LIBERTOS DE LAS CINCO TRIBUS 93
 CAPÍTULO DIECISÉIS: LEGADO E HISTORIOGRAFÍA 98
CONCLUSIÓN 102
VEA MÁS LIBROS ESCRITOS POR ENTHRALLING HISTORY 104
BIBLIOGRAFÍA 105

Introducción

La frase «Historia de los nativos americanos» puede inducir a error. Por ejemplo, considere el nombre «nativos americanos». Seguramente debería incluir a todos los pueblos indígenas de las grandes masas continentales de Norteamérica y Sudamérica. Sin embargo, «nativo americano» no suele incluir a las civilizaciones de Centroamérica y la península de Yucatán: maya, olmeca y azteca. Esta denominación tampoco engloba a los diversos grupos que vivieron y aún viven en la cordillera de los Andes o en la vasta cuenca del Amazonas. «Nativo americano» también puede referirse a los pueblos inuit del ártico y a los nativos hawaianos. Para propósitos de este libro, «nativo americano» se refiere exclusivamente a los pueblos indígenas que vivían en lo que hoy es el territorio continental de los Estados Unidos de América. Más concretamente, nos centramos principalmente en cinco pueblos: los cheroqui, los choctaw, los chickasaw, los creek y los seminola. En siglos pasados, se los llamó las «Cinco Tribus Civilizadas».

Esta denominación es, por supuesto, incorrecta. Lo que los primeros eruditos intentaban decir al dar a estas tribus el apelativo de «civilizadas» es que intentaban adoptar las señas de identidad de la sociedad estadounidense. Estos nativos americanos se ponían trajes y vestidos, hablaban inglés y se convertían al cristianismo. Los hombres se cortaban el pelo y las familias vivían en asentamientos permanentes donde se dedicaban a la agricultura. Algunos de ellos también poseían esclavos. Esto era, para los primeros eruditos|, lo que los hacía civilizados y los diferenciaba de las tribus que seguían vistiendo ropas tradicionales y viviendo en aldeas semipermanentes donde adoraban a sus propios dioses y hablaban sus propias lenguas.

Uno de los criterios de civilización en la mente occidental es la escritura. Se cree que la escritura diferencia al hombre civilizado de los animales. Muchos nativos americanos no tenían tradición de escritura. No tenían alfabetos y se creía que no tenían registros de su propia historia, aunque esto resultaría ser incorrecto.

Uno de los mayores problemas de los colonos europeos a la hora de comprender a los nativos americanos fue no darse cuenta de que habían entrado en un mundo cuya situación se había alterado recientemente. Antes de que los colonos ingleses desembarcaran en Jamestown y la plantación de Plymouth Rock, la población nativa americana se había visto sacudida por guerras, hambrunas y enfermedades. La invasión de los europeos en América Central provocó olas de cambio que se extendieron por todo el mundo. Había comenzado un intercambio que continúa hoy en día: intercambio de personas, ideas, bienes, flora y fauna, tanto visible como invisible. Para los nativos americanos, esta época parecía el fin del mundo y, en muchos sentidos, lo era. Su mundo, tal como había existido antes de las colonias europeas, había desaparecido. Por tanto, se enfrentaban a la disyuntiva de luchar, asimilarse o retirarse ante la expansión de los europeos. Las Cinco Tribus Civilizadas eligieron las tres opciones en distintos momentos. Se aliaron con una potencia europea para luchar contra otra. Lucharon contra y a favor de los líderes estadounidenses. Lucharon en los campos de batalla y en los tribunales. Algunas intentaron integrarse en la sociedad estadounidense, construyendo escuelas para enseñar a sus hijos a parecer, comportarse y sonar como estadounidenses. Se trasladaron muchas veces, tanto de forma independiente como en el marco de migraciones forzadas. Hoy, muchos de ellos intentan salvar sus culturas, lenguas y religiones tradicionales.

Este libro intentará contar su historia, la historia de esas cinco tribus. No se remontará a un pasado lejano, ni podrá abarcar los problemas modernos de la comunidad nativa americana. Pero sí contará la historia de cómo un grupo de personas se enfrentó a un mundo que había cambiado repentina y drásticamente —y que seguía cambiando—, y cómo se enfrentaron a estos cambios como nativos americanos.

PRIMERA PARTE: LAS TRIBUS CIVILIZADAS

Capítulo Uno: Cheroqui

La Nación Cheroqui formaba parte originalmente de una cultura más amplia que ahora se denomina cultura misisipiana. Esta cultura, que existió en todo el Medio Oeste y Sureste de Estados Unidos, se destacaba por sus grandes ciudades con pirámides de tierra centrales de punta plana. En ellas vivían personas sagradas y se construían templos. Una de las ciudades más grandes era Cahokia, en la actual Illinois. Esta ciudad, que alcanzó su apogeo en el 1200 de nuestra era, tenía una población estimada de más de 70.000 habitantes. Sin embargo, la cultura misisipiana pronto sería diezmada por un invasor invisible.

Comenzó, quizá sorprendentemente, a 4.500 millas del valle del río Misisipi, en el año 1500 de nuestra era, cuando nació un niño llamado Hernando de Soto, solo ocho años después de que Colón navegara hacia el Nuevo Mundo en representación de España. De Soto creció soñando con seguir los pasos de Colón, así que, cuando tuvo edad suficiente, viajó a las Indias Occidentales y se hizo un nombre como buen soldado. Fue nombrado segundo al mando de la expedición de Francisco Pizarro para conquistar lo que se convertiría en Perú. En 1536, de Soto regresó a España enriquecido y se instaló en Sevilla.

Sin embargo, pronto se sintió inquieto y el 25 de mayo de 1539 desembarcó con 700 hombres en Florida. Viajaron hacia el norte, a lo que se convertiría en el estado de Alabama, y se encontraron con la resistencia de los nativos americanos. Luego se dirigieron hacia el oeste, al Misisipi, convirtiéndose en los primeros europeos en viajar por ese río. De Soto y sus hombres se encontraron con numerosas y florecientes poblaciones de nativos americanos. Viajaron a Carolina del Norte y, en un lugar llamado Xualla, conocieron al pueblo tsalagi, hoy conocido como Cheroqui. Los tsalagi le dieron comida y regalos, y Soto siguió su camino en busca de oro en los montes Apalaches. Sin embargo, él y sus hombres dejaron atrás algo de lo que ni ellos ni los tsalagi eran conscientes: la enfermedad. Debido a la introducción de enfermedades europeas como la viruela y la escarlatina, las poblaciones de nativos americanos en Norteamérica cayeron en picado a partir de 1500. Hacia 1600, las ciudades del Misisipi habían sido abandonadas y la población se había dispersado en confederaciones de pequeñas aldeas o grupos de parentesco. Los tsalagi continuaron, pero su número disminuyó. El propio De Soto enfermó de fiebre y murió en 1542; su grupo se había reducido a la mitad debido a las batallas con los nativos americanos y a las enfermedades.

Según la tradición cheroqui, su pueblo vivía originalmente en una tierra de constantes inundaciones. Deseosos de escapar de esta situación, intentaron construir una casa que llegara hasta el cielo. Los dioses destruyeron parte de su torre, pero siguieron construyendo. Los dioses volvieron a destruirla, y esta vez decidieron salir de la zona inundada. Viajaron desde su antiguo país a una nueva tierra. El viaje duró muchos años, y su camino se oscureció cuando el agua lo cubrió. En su nueva tierra, encontraron abundantes lugares para cultivar maíz y otras cosechas, así como caza para obtener carne. Su tribu estaba formada por siete clanes, y tenían siete ciudades clave entre muchas docenas.

A mediados del siglo XVII, tras el colapso de las grandes ciudades del Misisipi, los cheroquis se habían convertido en la nación más grande del sudeste. Ocupaban 40.000 millas cuadradas en el oeste de Carolina del Norte y el este de Tennessee.

La Nación Cheroqui era principalmente una confederación de pueblos, y un consejo de «Hombres Amados» gobernaba cada pueblo. Las mujeres gozaban de un estatus elevado y podían convertirse en líderes políticas. Los cheroquis eran agricultores que cultivaban maíz, judías, melones, tabaco y girasoles; cazaban para obtener su carne y podían forrajear en los abundantes bosques cuando fallaban las cosechas. Un visitante de principios del siglo XVIII se encontraría primero con los «campos del pueblo», donde toda la población trabajaba junta. Las cosechas de estos campos eran guardadas por el jefe y utilizadas para los visitantes, los pobres y las emergencias. A medida que el visitante se adentraba en el corazón del pueblo, atravesaba un bloqueo defensivo hecho con postes de madera. Dentro de este muro había viviendas individuales. Las casas de los cheroquis solían constar de cuatro edificios: cocina, almacén y viviendas de invierno y verano. Se construían con bahareque y adobe, ya que los cheroquis aún no conocían las hachas de hierro. En el centro de la ciudad había una plaza de tierra compactada rodeada de cuatro edificios utilizados para las reuniones con el consejo municipal. En esta zona, la comunidad celebraba rituales y festivales, y en el mismo centro había un fuego.

Los cheroquis tenían un complicado sistema de creencias religiosas. Uno de los elementos era el simbolismo de los puntos cardinales. Para los cheroquis, el Este se asociaba con el color rojo y el éxito, el Norte con el azul y la derrota, el Oeste con el negro y la muerte, y el Sur con el blanco y la pureza. Creían firmemente en la idea de que el blanco era puro y representaba la felicidad. Esto influiría en su forma de tratar a los nuevos visitantes blancos. Creían que la tez clara de estos extraños significaba que debían ser abordados pacíficamente y como huéspedes de honor. Por lo tanto, fue bastante confuso para muchos cheroquis cuando los blancos que los visitaron a principios del siglo XVIII no parecían ser criaturas de pureza y paz, sino en realidad criaturas de guerra.

Más tarde, los franceses trataron con los cheroquis, pero fueron los británicos quienes establecieron una relación oficial con la tribu. En 1729, la colonia de Carolina pasó a manos de la Corona y se dividió en Carolina del Norte y Carolina del Sur. Charles Town, en Carolina del Sur, se había convertido en un ajetreado puerto dedicado al comercio de arroz, índigo y esclavos. En esta colonia británica se había desarrollado un sistema de plantaciones que dependía de los africanos esclavizados. De hecho, los esclavos superaban en número a los colonos. Antes de esto, había existido un comercio de esclavos nativos americanos en el que los cheroquis capturaban a personas de otras tribus y las entregaban a los británicos a cambio de herramientas, armas y pólvora. Los esclavos nativos americanos eran enviados desde Charles Town al Caribe para trabajar en las plantaciones. El comercio de esclavos nativos americanos había desaparecido en su mayor parte tras una guerra entre 1715 y 1717 con la tribu Yamasee y varios aliados, entre ellos los cheroquis. Los cheroquis siguieron comerciando con los británicos en las colonias de Virginia y Carolina, pero no existía ningún tratado oficial entre ellos. Fue en el año 1729 cuando sir Alexander Cuming, 2º barón, pisó los muelles de Charles Town con una misión en mente.

Cuming era un noble escocés cuya fortuna familiar prácticamente había desaparecido. Según cuenta, había decidido ir a Carolina del Sur por el sueño de su esposa. Se desconoce qué le impulsó exactamente a emprender el arduo viaje al corazón de la Nación Cheroqui. No era, como dijo a los cheroquis, un representante oficial del rey de Inglaterra. De hecho, no tenía autoridad para establecer acuerdos entre los cheroquis e Inglaterra, pero eso es exactamente lo que hizo. En aquella época, los cheroquis se agrupaban en tres zonas principales: los pueblos de Overhill, en el este de Tennessee, los pueblos del centro, en el oeste de Carolina del Norte y el norte de Georgia, y los pueblos bajos, en el oeste de Carolina del Sur. Cuming viajó primero a los pueblos bajos y sedujo a los cheroquis presentándose como representante del rey Jorge. Después de viajar a los pueblos del centro, se enteró de la existencia de una corona Cheroqui, la corona de Tannassy, hecha de piel de zarigüeya teñida de amarillo o rojo. Se dirigió entonces a los pueblos de Overhill para encontrar la corona y llevársela para ponerla a los pies del rey.

Cuming se ganó el favor de Moytoy de Tellico, que esperaba suceder al anterior líder de los cheroquis, Wrosetasatow, recientemente fallecido. En una reunión celebrada en Nikwasi en abril de 1730, Cuming declaró a Moytoy emperador de todos los cheroquis. A continuación, exigió que los cheroquis entregaran su corona, las plumas sagradas del águila y las cabelleras de sus enemigos y prometieran lealtad al rey Jorge. Cuming entregó la corona, las plumas de águila, las cabelleras y siete cheroquis al rey Jorge en junio de 1730. Se redactó entonces un tratado formal por el que se declaraba a los cheroquis leales súbditos británicos. Cuming solicitó ser nombrado embajador y señor de los cheroquis, pero su petición fue denegada. Cuming acabaría más tarde en la prisión de deudores, luego en Jamaica, y escribiría sus memorias antes de su muerte en 1775.

Moytoy murió poco después en combate. Los británicos trataron de poner a su hijo en su lugar como emperador de los cheroquis, pero estos no estaban acostumbrados a un solo gobernante, y los roles de liderazgo no se heredaban, se ganaban. El hijo de Moytoy fue usurpado por un líder llamado Conocotocko, o «Old Hop». Aun así, los cheroquis no reconocieron un único gobernante sobre toda la tribu. Un pueblo Cheroqui podía llegar a un acuerdo con los ingleses, mientras que otro pueblo podía llegar a otro acuerdo con los franceses. Los ingleses podían considerar esto una traición, pero para los cheroquis no tenía importancia, ya que cada pueblo o grupo de pueblos era libre de hacer lo que más le conviniera.

El comercio se convirtió en un elemento clave de la vida de los cheroquis a mediados del siglo XVII. No fabricaban las armas que utilizaban para cazar ni sus ropas; tenían que depender del comercio para obtener estas cosas. Normalmente, intercambiaban pieles por artículos, principalmente de los británicos. Para conseguir un solo rifle, los cheroquis tenían que proporcionar siete pieles de ciervo o catorce de liebres. El precio de una manta era de tres pieles y un par de zapatos costaba dos pieles. Los cheroquis se quejaban de que los precios eran demasiado altos, pero los comerciantes británicos afirmaban que eran demasiado bajos. Los británicos esperaban aprovechar su posición para obtener cada vez más pieles de los cheroquis y utilizarlos para poner las cosas difíciles a sus enemigos, los franceses y los españoles.

Mientras los europeos manipulaban a los nativos americanos, los cheroquis competían internamente entre sí por el poder. Uno de los más poderosos entre los cheroquis era *Attakullakulla*, o «Pequeño Carpintero», que había estado entre los cheroquis que Alexander Cuming había llevado a Londres para ver al rey. El Pequeño Carpintero había pasado varios años prisionero entre los ottawa. A su regreso a su tierra natal, parecía creer que el mejor interés de los cheroquis era continuar su incómoda alianza con Gran Bretaña, que él creía que ganaría en la próxima guerra entre franceses e ingleses.

Diez años después del viaje de Alexander Cuming a la Nación Cheroqui, se produjo un brote de viruela que, al parecer, acabó con la mitad de la población en cuestión de meses. Muchos cheroquis lo tomaron como un castigo divino. Los franceses intentaron aprovecharlo para sembrar la discordia entre los cheroquis y los ingleses. Enviaron a un agente que dijo a los cheroquis que los ingleses habían propagado la enfermedad a propósito. Los ingleses estaban preocupados. Los cheroquis representaban un amortiguador defensivo entre ellos y los nativos americanos aliados de los franceses. En 1755, los ingleses acordaron construir fuertes para proteger a los cheroquis. A cambio, los cheroquis les proporcionarían guerreros para sus batallas contra los franceses. El fuerte más conocido era Fort Prince George, en el noroeste de Carolina del Sur, junto al río Keowee.

La paz no duró mucho. En 1758, la milicia de Virginia atacó a Moytoy en represalia por el supuesto robo de unos caballos. Moytoy, a cambio, dirigió incursiones contra los ingleses. Este fue el comienzo de la guerra anglo-cheroqui, que duraría de 1758 a 1761. Este conflicto se produjo en medio de una guerra mayor, conocida hoy como la guerra franco-india, que duró de 1754 a 1763.

Los cheroquis habían comenzado la guerra franco-india como aliados de los ingleses; sin embargo, los franceses llevaban tiempo cortejando a los líderes cheroquis. Old Hop, ya muy anciano, era partidario de los franceses, al igual que otros líderes como Raven, Mankiller y el sobrino de Old Hop, Standing Turkey (*Pavo parado*). Después de que Moytoy dirigiera los ataques contra los británicos, dieciséis prisioneros cheroquis fueron asesinados en Fort Prince George. A continuación, los cheroquis atacaron y mataron a la guarnición de Fort Loudon, cerca de la poderosa ciudad cheroqui de Chota. También en 1758, varios cheroquis, tras ayudar a los británicos a atacar el fuerte francés de Duquesne, fueron asesinados por milicianos de Virginia tras un malentendido relacionado con unos caballos.

En 1759, los cheroquis declararon la guerra abierta a los británicos. Los británicos dejaron inmediatamente de suministrar pólvora a los cheroquis. En respuesta, los cheroquis enviaron veintinueve jefes a negociar, pero estos representantes fueron hechos prisioneros y retenidos en Fort Prince George. Los cheroquis siguieron atacando los asentamientos británicos y asaltaron Fort Prince George para rescatar a los prisioneros. Mataron al comandante del fuerte, pero su sustituto hizo masacrar a todos los prisioneros. Los cheroquis siguieron asaltando asentamientos y se adentraron en Carolina del Norte. Se envió un ejército de 1.200 soldados británicos para detener a los cheroquis, pero fueron derrotados. Los cheroquis tomaron entonces Fort Loudon.

En 1761, un nuevo ejército británico de 2.600 hombres derrotó a los cheroquis en Echoee Pass y destruyó quince pueblos cheroquis. Tras su derrota, los cheroquis apartaron a Standing Turkey del poder; Old Hop había muerto años antes. En su lugar, como «primer hombre amado», quedó Attakullakulla (Pequeño Carpintero), que era decididamente partidario de los británicos. Los cheroquis firmaron un tratado de paz con Virginia y también con Carolina del Sur.

Para verificar que las hostilidades habían terminado para todos los cheroquis, la Colonia de Virginia envió a un hombre llamado Henry Timberlake a través de los montes Apalaches y a los pueblos cheroquis de Overhill para entregar copias del tratado a los «hombres amados» (jefes) de esos pueblos. Timberlake permaneció varios meses como invitado personal del jefe cheroqui Ostenaco. Llevó un registro de su experiencia que ha llegado hasta nuestros días. En él, Timberlake explica que en los oscuros y humeantes confines de lo que él llama la «casa del pueblo», Ostenaco le explicó que el sangriento *tomahawk* (hacha de guerra) que se había levantado contra los ingleses quedaría ahora enterrado en lo más profundo de la tierra, para no volver a levantarse jamás. Timberlake, Ostenaco y toda la gente se reunieron en la casa del pueblo, donde Timberlake creía que podían sentarse 500 personas, y fumaron las pipas de la paz que se repartieron. El tiempo que Timberlake pasó con los cheroquis estuvo cargado de tensión porque llegaban rumores de que los ingleses habían matado a más cheroquis, pero Ostenaco mantuvo la calma y dijo que solo creería las noticias si procedían de una fuente creíble. Attakullakulla estaba a punto de llegar, pero antes de que lo hiciera, un grupo de guerreros regresó con cuatro cabelleras que habían obtenido en una batalla con los shawnee, incluido al menos un soldado francés. Parecía que los cheroquis seguirían siendo aliados de los británicos. Sin embargo, la situación siguió siendo problemática hasta la Revolución estadounidense.

En marzo de 1775, Attakullakulla y otros jefes acordaron vender una gran parte de sus tierras a la Transylvania Company dirigida por Richard Henderson, un especulador de tierras que esperaba crear una nueva colonia. Estas tierras, que se convertirían en gran parte de Kentucky y Tennessee central, sumaban veinte millones de acres al norte del río Cumberland y al sur del río Ohio. A cambio, los cheroquis recibieron unas 10.000 libras esterlinas de bienes que necesitaban desesperadamente. Esta Colonia de Transylvania duraría poco. La Asamblea de Virginia y el Congreso Continental se negaron a reconocer la reclamación de Henderson, ya que, en primer lugar, no había obtenido permiso para realizar la venta. Tuvo agentes, sobre todo Daniel Boone, explorando la zona durante diez años antes de la compra, pero en lugar de eso, Virginia tomó la porción de Kentucky y la convirtió en parte de su colonia.

El hijo de Attakullakulla, Dragging Canoe (*Canoa arrastrada*), vio la venta de gran parte de sus tierras como una traición a su pueblo. Esta nueva generación pensaba que los angloamericanos destruirían a los cheroquis, igual que las tribus de Nueva Inglaterra y Virginia. Dragging Canoe pensaba que los nativos americanos debían abandonar las costumbres de los blancos, incluido el cristianismo, y luchar contra la expansión y la opresión de los blancos en su tierra.

Cuando llegó la Revolución estadounidense, Dragging Canoe y muchos otros se separaron de los cheroquis y se aliaron con los británicos. Atacaron los asentamientos estadounidenses, y los estadounidenses atacaron a su vez las aldeas cheroquis. Muchos cheroquis se vieron desplazados y Dragging Canoe los condujo a nuevos asentamientos en el arroyo Chickamauga. Pronto se les unieron otros cheroquis, creeks, tories y esclavos negros fugitivos. Este grupo recibió el nombre de Chickamauga. Los estadounidenses atacaron estos asentamientos mientras la mayoría de los guerreros estaban fuera luchando por los británicos. En lugar de intentar reconstruir, Dragging Canoe formó cinco nuevos asentamientos a lo largo del río Tennessee. Por aquel entonces, John Donelson conducía a un grupo de mujeres y niños en lanchas a una zona que había comprado a Richard Henderson y que se convertiría en Nashville, Tennessee. La hija de Donelson, Rachel, iba con él. Los chickamauga atacaron las lanchas mientras avanzaban por el río, matando a muchos de los miembros del grupo. Rachel sobrevivió y se casó con un joven llamado Andrew Jackson, futuro presidente de Estados Unidos.

En 1785, el jefe cheroqui Corn Tassel (*Borla de maíz*) firmó el Tratado de Hopewell, que establecía las fronteras entre los nuevos Estados Unidos de América y las tierras cheroquis, prometiendo que ningún blanco se asentaría en sus tierras. Pero la relación entre los cheroquis y los estadounidenses siguió siendo conflictiva y se cometieron crímenes por ambas partes. Los cheroquis cedieron tierras al gobierno estadounidense a cambio de anualidades y bienes.

En 1821, los cheroquis tenían su propio alfabeto y muchos aprendieron a leer y escribir rápidamente. En 1828, ya tenían su propio periódico, el *Cherokee Phoenix*.

Los estadounidenses empezaron a presionar a los cheroquis para que abandonaran sus tierras natales y emigraran a tierras al oeste del río Misisipi, pero los cheroquis estaban divididos ante la idea. Sin embargo, en 1835, 500 cheroquis que decían representar a toda su nación firmaron un tratado en New Echota que establecía el traslado forzoso de los cheroquis a cambio de 5 millones de dólares y tierras en la actual Oklahoma. Al principio, solo 2.000 cheroquis se marcharon voluntariamente. El gobierno federal envió entonces 7.000 soldados para obligar al resto de los cheroquis a recorrer los 1.200 kilómetros de lo que se llamaría el Sendero de las Lágrimas. Por el camino, se calcula que un 25% murió de enfermedad, hambre y agotamiento.

A finales del siglo XIX, los chamanes y líderes culturales cheroquis empezaron a recopilar las diversas historias, proverbios, sabiduría y medicina de su nación de forma que pudieran compartirse con el mundo exterior. Eruditos blancos como James Mooney vivieron entre los cheroquis y aprendieron de los nativos cheroquis como Swimmer (Ayunini) el chamán, John Ax, Gahuni, y otros sobre el rico patrimonio cultural de los cheroquis.

Capítulo dos: Choctaw

Antes de verse obligados a ir al oeste, los choctaw vivían en el suroeste de Alabama y el sur de Misisipi. Al igual que los cheroquis, durante los siglos XVII y XVIII se vieron atrapados entre las crecientes potencias de España, Francia e Inglaterra y compitiendo con sus tribus vecinas, como los creek y los chickasaw. La llegada de los europeos a la región choctaw no supuso una gran conmoción para la tribu, ya que, según su tradición, el Creador había dado vida a muchas parejas diferentes de primeros humanos. Los europeos eran vistos como un grupo más al que el Creador había dado vida.

Antes de la llegada de los europeos, la agricultura ya era una parte importante de la vida cotidiana de los choctaw. A menudo cultivaban excedentes de maíz y comerciaban con otras tribus, y luego con los colonos europeos. Participaban en el comercio de esclavos de los nativos americanos e intercambiaban pieles, maíz y otros cultivos por telas, armas, alcohol y herramientas. Los comerciantes europeos solían casarse con mujeres choctaw, y sus hijos, considerados «mestizos», por lo general sabían leer y escribir, eran educados y hablaban tanto una lengua europea como su lengua nativa. Esto los llevó a ocupar muchos puestos de poder dentro de la sociedad choctaw.

Algunos de los choctaw se introdujeron en el mercado agrícola de las colonias europeas, especialmente las británicas, perdiendo en el proceso casi toda su herencia nativa americana. La cooperación de los líderes choctaw se compraba a menudo con dinero y regalos, y los misioneros intentaban regularmente convertirlos al cristianismo y convencerlos de que adoptaran un estilo de vida más europeo. Los choctaw ya habían copiado a los europeos en un aspecto: ya en 1720 empezaron a poseer esclavos negros.

Como a muchos nativos americanos del sudeste, a los choctaw les gustaban los deportes, especialmente el *stickball*, o *ishtaboli*, que aún se practica hoy en día. Este deporte tiene pocas reglas, y los partidos pueden tener un número casi ilimitado de jugadores y durar días. Se juega con una pelota, o *Towa*, hecha de tiras de cuero, que se maneja con palos con copas (*Kapucha*) que los jugadores utilizan para intentar golpear los postes de la portería situados a ambos extremos del campo. Históricamente, este juego se utilizaba para resolver disputas entre tribus y familias. También mantenía a los guerreros en condiciones de luchar.

Los choctaw se aliaron por primera vez con los franceses en 1729 para aniquilar a los natchez, una tribu vecina. Los natchez formaban parte originalmente del cacicazgo Quigualtam que de Soto conoció en 1542 o 1543. Tras la pérdida de su población a causa de las enfermedades europeas, los natchez se dividieron en cinco distritos de asentamiento conocidos como Flour, Jenzenaque, White Apple, Grigra y Tiou. Al igual que los choctaw, los natchez eran agricultores, cazadores y guerreros a los que les gustaba el *stickball*. En la década de 1720, los ingleses pusieron a los natchez en contra de los franceses. Los natchez se alzaron contra los franceses, pero fueron derrotados por una alianza de otras tribus, como los choctaw, los cheroquis, los creek y los chickasaw. Los natchez fueron diezmados y obligados a abandonar su tierra natal.

Sin embargo, los franceses perderían la guerra franco-india en 1763, y los choctaw sufrirían por su lealtad a los franceses. Los británicos se apoderaron de algunas de las tierras choctaw en Misisipi, y parte de la tribu optó por ir más al oeste en busca de más tierras. Aun así, muchos choctaw siguieron siendo prósperos gracias a su dedicación a la agricultura y el comercio. Seguían poseyendo grandes extensiones de tierra, desde las que podían vender cosechas y ganado a otras tribus y colonos europeos.

Sin embargo, la formación de Estados Unidos supuso nuevos retos para los choctaw. En enero de 1786, los choctaw de las estribaciones de las montañas Smoky (Humeantes) firmaron el Tratado de Hopewell con representantes de Estados Unidos. Las disposiciones del tratado eran el cese de algunas tierras y una promesa de paz perpetua. Se acordó que ningún estadounidense se asentaría en tierras choctaw y que cualquier estadounidense que cometiera un delito contra cualquier choctaw sería castigado. Estados Unidos concedió protección a la tribu. Se fijaron las fronteras entre ambos y los choctaw acordaron informar a Estados Unidos si alguien planeaba iniciar hostilidades contra los estadounidenses. El problema persistente era que los estadounidenses codiciaban cada vez más las tierras choctaw, y el gobierno se veía constantemente presionado para arrebatar más y más tierras a las tribus nativas americanas del sudeste.

Jefe Pushmataha
https://commons.wikimedia.org/wiki/File:Pushmataha_high_resolution.jpg

En 1798 se creó el Territorio del Misisipi y, en 1800, el presidente Thomas Jefferson dejó claro que quería que Estados Unidos controlara toda la tierra al este del río Misisipi, incluida toda la tierra natal de los choctaw. Como consecuencia, la tribu tuvo que negociar el control de sus tierras con agentes estadounidenses. En 1801, los choctaw firmaron el Tratado de Fort Adams, por el que cedían casi tres millones de acres de tierra al gobierno estadounidense. Al año siguiente, firmaron el Tratado de Fort Confederation, que añadió otros 10.000 acres a las tierras estadounidenses. Al año siguiente, firmaron el Tratado de Hoe Buckintoopa. Luego, en 1805, firmaron el Tratado de Mount Dexter, cediendo más de cuatro millones de acres.

Uno de los firmantes del tratado fue Pushmataha, también conocido como el «general indio». Pushmataha fue uno de los tres jefes regionales de los choctaw durante el siglo XIX y a menudo se lo considera el más grande de los jefes choctaw. Su nombre suele traducirse como «mensajero de la muerte», y era muy conocido entre los choctaw por sus habilidades como luchador y cazador.

En 1811, el jefe shawnee Tecumseh recorría los poblados choctaw para intentar persuadirlos de que se unieran a su coalición de nativos americanos para aliarse con los británicos y luchar contra los estadounidenses en lo que se convertiría en la guerra de 1812. Pushmataha rechazó la propuesta de Tecumseh, lo que llamó la atención del gobierno estadounidense, que se dirigió a Pushmataha como posible aliado. Los creek «bastones rojos» (*Red Sticks*) habían atacado a los estadounidenses en Fort Mims, y Pushmataha vio en ello una oportunidad para reunir a los choctaw y luchar contra su viejo enemigo, los creek. En 1813, Pushmataha fue nombrado capitán del ejército estadounidense y formó un batallón de voluntarios choctaw para ayudar a los estadounidenses a derrotar a los creek y a los británicos. Posteriormente fue ascendido a teniente coronel. Pushmataha y sus hombres derrotaron a los creek en la batalla de Econachaca, también llamada Holy Ground (Tierra Santa), en diciembre de 1813, y de nuevo a lo largo del río Tombigbee en 1814. Su éxito le valió muchos elogios y fue ascendido a general de brigada.

Una vez concluida la guerra de 1812 y derrotados los británicos junto con la alianza de Tecumseh, Pushmataha regresó a su tierra natal para representar al pueblo choctaw. Bajo amenazas directas del presidente Andrew Jackson, Pushmataha y otros jefes firmaron el Tratado de Doak's Stand en 1820, por el que renunciaban a más de cinco millones de acres —la mitad de las tierras choctaw— a cambio de tierras al otro lado del río Misisipi, en lo que se convertiría en Arkansas. Pushmataha alegó que la tierra que recibían no era tan buena como la que cedían. Finalmente, Jackson declaró que si no aceptaban las condiciones, su nación sería destruida. Los choctaw, al no ver nada mejor, se vieron obligados a firmar el tratado. En 1824, Pushmataha y otros jefes viajaron a Washington para expresar su preocupación por los términos del tratado. Poco después de llegar a la capital, Pushmataha cayó enfermo y murió el 24 de diciembre, exactamente once años después de su famosa victoria en la batalla de Holy Ground.

Pushmataha no fue el único líder choctaw que murió en este viaje a Washington. El jefe Apukshunnubbee también murió de una fractura de cuello tras caer por un acantilado. La muerte de estos dos grandes hombres mermó la capacidad de los choctaw para negociar con Washington. Seis años después, se firmó el Tratado de Dancing Rabbit Creek. Los choctaw estaban liderados por Greenwood LeFlore, un nativo americano «mestizo» que formaba parte de la élite choctaw, aunque no era del agrado de los choctaw «puros». LeFlore animó a los choctaw a establecer asentamientos permanentes, dedicarse a la agricultura, convertirse al cristianismo y enviar a sus hijos a escuelas estadounidenses para su educación. Sin embargo, con la elección de Andrew Jackson y la eventual aprobación de la Ley de Traslado Forzoso de Indios, se hizo evidente que los choctaw, que no podían oponer ninguna resistencia armada, se verían obligados a abandonar sus tierras natales. En Dancing Rabbit Creek, LeFlore explicó que muchos de los choctaw abandonarían el Misisipi e irían al oeste, pero quería que el tratado estableciera que a los choctaw que decidieran quedarse se les concederían tierras y la ciudadanía estadounidense. Así se acordó y se firmó el tratado.

Los choctaw se convirtieron entonces en la primera tribu en emprender el largo viaje desde sus tierras natales hasta el Territorio Indio de Oklahoma, en el Sendero de las Lágrimas. El gobierno estadounidense no cumplió su promesa de dar tierras y ciudadanía a los choctaw que permanecieron en Misisipi. Sus tierras fueron regaladas a colonos blancos, y pasarían muchos años antes de que los choctaw de Misisipi recibieran el reconocimiento de Estados Unidos. Varios miles de los choctaw que recorrieron el Sendero de las Lágrimas perecieron en el camino.

Antes de iniciar el viaje, se hizo un censo de los choctaw que viajaban hacia el oeste. Había 17.693 choctaw, 151 blancos y 521 personas esclavizadas. El primer grupo que viajó al oeste bajo supervisión federal sufrió las consecuencias de la lluvia y de un horrible invierno. El siguiente grupo se enfrentó a brotes de cólera. Para el otoño de 1833, 6.000 choctaw permanecían en Misisipi y se negaban a marcharse. En total, más de 2.500 personas murieron durante la emigración. A finales de la década de 1830, la nación choctaw de Oklahoma formó un gobierno que reflejaba el de Estados Unidos. Tenía poderes judicial, ejecutivo, legislativo y militar. Solo los choctaw varones podían votar. Cuatro jefes de distrito formaban el poder ejecutivo y el Consejo

General el legislativo. Las mujeres y todas las personas de ascendencia africana no podían votar ni ocupar ningún cargo, lo cual es interesante porque las mujeres habían desempeñado durante mucho tiempo papeles importantes en la cultura choctaw y eran las principales agricultoras de su sociedad.

Tras su traslado, los choctaw tuvieron un breve periodo de recuperación bajo sus nuevas leyes en su nueva tierra. Desde principios del siglo XIX producían algodón y disfrutaban de sus beneficios. Se dedicaban a la agricultura en grandes plantaciones y utilizaban a personas esclavizadas como en los estados del sur. En 1840, los esclavizados constituían el 14% de la población choctaw. La mejor ubicación para las plantaciones en la nación choctaw era a lo largo del río Rojo de Oklahoma. Allí, choctaw como Robert M. Jones poseían varias plantaciones y cientos de esclavos. Sin embargo, las explotaciones de Jones eran la excepción, no la regla. La mayoría de los granjeros choctaw poseían entre diez y veinte acres, y practicaban principalmente una agricultura de subsistencia. Aun así, los esclavos de la nación choctaw recibían el mismo trato que los de los estados del sur. Los choctaw instituyeron leyes para detener la difusión de la retórica abolicionista, prohibir que los esclavizados aprendieran a leer y escribir e impedir que tuvieran propiedades o portaran armas de fuego sin el permiso de su esclavizador.

Cuando estalló la guerra de Secesión en 1861, los choctaw ignoraron las sugerencias de neutralidad y se alinearon firmemente con la Confederación, aunque no llegaron a hacerlo oficial. Esto tenía sentido, ya que los choctaw habían adoptado un estilo de vida muy afín a los estados sureños. Por otra parte, podría parecer sorprendente, ya que los gobiernos estatales de Misisipi y Alabama se habían esforzado tanto por expulsarlos apenas tres décadas antes. Al final, los choctaw firmaron un tratado formal con la Confederación en el verano de 1861 y proporcionaron varios regimientos de soldados choctaw, que lucharon del lado de la Confederación (al igual que los cheroqui y los chickasaw). Creían que la Confederación reconocería su condición de nación soberana, pero la derrota final de los Estados Confederados provocó más dificultades para los nativos americanos.

Capítulo tres: Los chickasaw

Los chickasaw, que vivían en el norte de Misisipi, el norte de Alabama, el oeste de Tennessee y el oeste de Kentucky, eran menos numerosos que otras tribus, pero se hicieron famosos por sus proezas como guerreros. Al igual que los choctaw, hablaban la lengua muskogeana. Algunos arqueólogos sostienen que los chickasaw y los choctaw procedían de la antigua cultura Plaquemine, que ya existía en Luisiana en el año 1200 de nuestra era.

Al igual que los cheroqui y los choctaw, los chickasaw se vieron atrapados entre las potencias rivales de Inglaterra y Francia, que los apoyaron en guerras contra otros nativos americanos al tiempo que ayudaban a otras tribus a combatir y asaltar a los chickasaw. Los europeos adoptaron rápidamente la estrategia de «divide y vencerás» para tratar con los nativos americanos del sureste. Los chickasaw adquirieron armas de fuego a comerciantes ingleses de Carolina del Sur y empezaron a atacar y asaltar a los choctaw en busca de cautivos, que vendían a los colonos. Esta actividad prácticamente cesó cuando los choctaw consiguieron armas de fuego de los franceses. En el siglo XVIII, los chickasaw estaban a menudo en guerra con los franceses y los choctaw. En 1736, los chickasaw derrotaron a los franceses y a sus aliados nativos americanos en dos batallas campales cuando los franceses atacaron los pueblos de Ogoula Tchetoka y Ackia. Las batallas con los franceses continuaron hasta el final de la guerra franco-india en 1763, cuando Francia renunció a sus regiones al este del río Misisipi.

Tecumseh, jefe de guerra shawnee
https://commons.wikimedia.org/wiki/File:Tecumseh02.jpg

En 1768, cerca de Chillicothe, Ohio, nació un niño shawnee que se convertiría en el jefe Tecumseh. Dirigió a un grupo de guerreros para atacar a los barcos de los colonos que bajaban por el río Ohio. Su éxito fue rotundo. En 1791, bajo la dirección de los jefes de guerra Chaqueta Azul (Blue Jacket) y Pequeña Tortuga (Little Turtle), Tecumseh demostró su valía en la batalla del Wabash, cuando dirigió a un grupo de guerreros que ayudaron a derrotar al general Arthur St. Clair. Sin embargo, cuando se enfrentó a los chickasaw en la batalla de los árboles caídos en 1794, mientras ayudaban al general Anthony Wayne, Tecumseh fue derrotado.

Los chickasaw, presionados por los estadounidenses, intentaron integrarse en la civilización blanca. Educaron a sus hijos en escuelas, se convirtieron al cristianismo, tuvieron propiedades privadas y se dedicaron a la agricultura. La idea de «civilizar» a estas tribus nativas americanas fue promovida por los presidentes Washington y Jefferson. La idea general era que, una vez que los nativos americanos adoptaran la cultura blanca, los blancos los aceptarían en su sociedad. Por supuesto, esto resultaría carente de fundamento. Los chickasaw también firmaron el Tratado de Hopewell en 1786, que prometía paz y cooperación entre su nación y Estados Unidos.

Como otras tribus, los chickasaw estaban muy influidos por los llamados «mestizos». Un comerciante llamado James Logan Colbert se convirtió en chickasaw adoptivo en el siglo XVIII. Es posible que fuera hijo de padre blanco y madre chickasaw. James acabó casándose con tres mujeres chickasaw de alto rango y tuvo varios hijos con cada una de ellas. Como la herencia y la pertenencia al clan eran matrilineales, todos estos hijos se convirtieron en poderosos líderes, sobre todo porque se criaron bilingües. Colbert educó a sus hijos en la cultura blanca, pero también les enseñó a ser chickasaw. Uno de estos hijos fue el jefe George Colbert, también conocido como Tootemastubbe.

George Colbert luchó contra las fuerzas de Tecumseh en la batalla de los árboles caídos. En 1800, había establecido un ferry en Cheroqui, Alabama. Este ferry tuvo mucho éxito, ya que estaba al otro lado del río Tennessee y a lo largo de la importante ruta comercial del Natchez Trace. Colbert adquirió tierras y comenzó a cultivar algodón; poseía varios esclavos. George y sus hermanos Levi y James negociaron con el gobierno estadounidense en nombre de los chickasaw. En las guerras Creek, Colbert reclutó guerreros y se alió con el general Andrew Jackson contra los «Bastones Rojos». También luchó junto a los estadounidenses en la guerra de 1812. Aunque Colbert participó en las negociaciones que condujeron a la expulsión de los chickasaw de su tierra natal y a su ubicación en las tierras choctaw de Oklahoma, murió en el Sendero de las Lágrimas antes de llegar a las nuevas reservas chickasaw.

El Tratado de Tuscaloosa, negociado entre el entonces senador Andrew Jackson y los chickasaw, supuso la pérdida de una parte importante del territorio chickasaw en Tennessee y Kentucky. Se llamaría «La Compra de Jackson». Hoy en día, esto se refiere solo a la parte que se encuentra dentro del estado de Kentucky, pero en ese momento, también incluía territorio en el oeste de Tennessee.

En 1832, los chickasaw renunciaron al resto de su territorio en Misisipi, más de 6,2 millones de acres, en el Tratado de Pontotoc Creek con el gobierno de Estados Unidos. El preámbulo de esta decisión fue una larga historia de presiones del gobierno estadounidense, en conjunción con especuladores de tierras que querían que toda la tierra al este del Misisipi quedara libre de nativos americanos y se abriera a la colonización blanca. Las tierras propuestas a los chickasaw al oeste del río Misisipi fueron consideradas insatisfactorias por los chickasaw, que se aventuraron a inspeccionarlas antes de firmar ningún tratado. La situación se agravó con la aparición de numerosos ocupantes ilegales en el territorio chickasaw dentro de Misisipi. El gobierno del estado de Misisipi también intentaba activamente expulsar a los chickasaw de sus tierras. El Tratado de Pontotoc Creek se centraba en el acuerdo de que los chickasaw cederían su territorio a cambio de tierras adecuadas que el gobierno estadounidense encontraría para ellos, pero no tierras que ya estuvieran determinadas.

En 1837, los chickasaw acordaron comprar tierras a los choctaw por unos 500.000 dólares en el Tratado de Doaksville. Así, en 1837-1838, 4.914 chickasaw y 1.156 personas esclavizadas emprendieron el viaje hacia sus nuevas tierras al oeste del Misisipi. La venta de sus asignaciones en Misisipi les reportó unos 3 millones de dólares. Su Sendero de las Lágrimas quizá no fue tan traumático como el de los choctaw y los cheroquis; sin embargo, estuvo acompañado de sufrimiento y pérdidas, lo que afectó negativamente a la tribu durante décadas, si no más.

Una vez que llegaron a lo que se convertiría en Oklahoma, comenzaron la difícil tarea de reconstruir su sociedad. Holmes Colbert, bisnieto de James Logan Colbert y nieto de James Holmes Colbert, se convirtió en un destacado líder de los chickasaw a mediados del siglo XIX y ayudó a redactar la constitución chickasaw. Se había educado en una escuela estadounidense, pero, al igual que sus antepasados, también había aprendido las costumbres de los chickasaw. Por tanto, estaba preparado para desempeñar un papel de liderazgo en su tribu. Se casó con Elizabeth Love, que también había estudiado en escuelas estadounidenses, pero era chickasaw. Cuando empezó la guerra de Secesión, los chickasaw fueron los primeros en aliarse con los Estados Confederados. Los chickasaw también enviaron soldados a luchar contra la Unión. Cabe destacar que no fue hasta la guerra de Secesión cuando los chickasaw se alzaron en armas contra los pueblos de habla inglesa; antes solo habían luchado contra los franceses y otras tribus nativas americanas.

No todos los chickasaw apoyaron a la Confederación. En particular, la familia del forajido convertido en político Fred Tecumseh Waite huyó del territorio chickasaw durante la guerra de Secesión porque eran conocidos partidarios de la Unión. Fred formó parte de la banda de *Billy the Kid*, pero regresó al territorio chickasaw, donde se convirtió en representante. Fue elegido presidente de la Cámara tres veces y luego se convirtió en senador.

Tras el fin de la guerra de Secesión, los chickasaw, choctaw y cheroquis se vieron obligados a emancipar a su población esclavizada y a ceder parte de su territorio en Oklahoma. Los chickasaw firmaron un nuevo tratado de paz en 1866 con el gobierno estadounidense. Este tratado exigía que a los esclavos liberados que quisieran quedarse en territorio chickasaw se les concediera la ciudadanía chickasaw; si se iban a Estados Unidos, se convertirían en ciudadanos estadounidenses. Los que fueron liberados y se quedaron se conocieron como los libertos chickasaw, y muchos de sus descendientes aún viven en Oklahoma. Sin embargo, los chickasaw no les concedían la ciudadanía a menos que pudieran demostrar que sus padres eran de linaje chickasaw. Como los chickasaw no cumplieron esa parte del tratado, Estados Unidos los castigó arrebatándoles casi la mitad de su territorio sin darles nada a cambio.

Capítulo cuatro: Seminola

La tribu Seminola no existió hasta el siglo XVIII, cuando algunos de los nativos americanos creek de Georgia y Alabama emigraron a Florida en respuesta a la invasión de los colonos británicos. Sin embargo, la etiqueta «creek» procede de los colonos británicos, que agruparon a una gran variedad de tribus, sociedades y pueblos en una sola nación. Todos hablaban lenguas similares, como el muscogui, el hitchiti y el choctaw. La Confederación Creek se dividió en dos grupos, Upper Creek y Lower Creek (Creek Superior e Inferior).

Este grupo de creek se dividía en clanes, que eran matrilineales y recibían el nombre de animales o fuerzas naturales. Así, alguien del clan de la pantera podía estar lejos de su aldea natal, pero encontraría parientes que podrían ayudarlo porque todos eran del mismo clan. Las relaciones entre clanes también variaban. Además, había ayuntamientos y varios campamentos de clanes. Los pueblos o grupos de pueblos podían tener un jefe, a veces llamado *miko*, que podía convocar reuniones y controlar los excedentes de alimentos en caso de emergencia, pero que por lo demás no tenía poderes extraordinarios. Los europeos solían suponer que los jefes eran como reyes y, por tanto, líderes autocráticos de toda una nación, cuando sencillamente no era así. Los británicos, por ejemplo, podían convencer a un jefe para que firmara un tratado y suponer que eso significaba que toda la tribu seguiría su ejemplo; sin embargo, rara vez era así. Cuando los nativos americanos tenían que tomar decisiones a gran escala, a menudo tardaban mucho tiempo en organizar todos los consejos y llegar a un consenso. Para los europeos, esto tenía a menudo la (falsa) apariencia de estar dando largas o entrando a juegos políticos.

Al igual que los demás nativos americanos de la zona, los creek dependían del comercio con los europeos para obtener utensilios de metal, armas de fuego, telas y ganado. Los llamados creek habían practicado la esclavitud antes de la llegada de los europeos, pero la práctica europea de la esclavitud les introdujo primero en la idea de los esclavos como propiedad. La relación entre los creek y, con el tiempo, los seminolas y los esclavos de ascendencia africana era complicada. Los esclavos eran tratados como propiedad, pero también protegidos debido a su alto valor. Los colonos ingleses empezaron a quejarse de que los esclavos fugados iban a los pueblos creek, donde eran acogidos y no podían ser recuperados. Esta conexión se hizo aún más fuerte con los seminolas, que estrecharon lazos con los esclavos fugitivos en su territorio y contaban con ellos como intérpretes y aliados.

Como ya se ha mencionado, en el siglo XVIII, un gran contingente de nativos americanos de Lower Creek abandonaron sus tierras en Alabama y Georgia y viajaron a la Florida española para escapar de la expansión de los colonos británicos. Los británicos los llamaron seminolas, de la palabra española cimarrones, que significa «salvajes» o «los que se separaron». En el centro de Florida, los seminolas encontraron ganado abandonado por los ganaderos españoles y empezaron a criarlo. (A uno de los primeros líderes seminolas se lo llamaba «Cowkeeper».) Los seminolas desarrollaron su propio modo de vida y cultura, separados de las otras tribus creek. A diferencia de otras tribus que seguían desplazándose en busca de pieles, los seminolas comerciaban principalmente con el ganado que habían aprendido a criar tan bien. En 1789, comerciaban sobre todo con Panton, Leslie & Company, que compraba ganado a todas las aldeas seminolas. Los seminolas eran ferozmente independientes, pero deseaban la paz y el comercio con los colonos blancos, siempre que no intentaran dominarlos.

Los seminolas de Florida sostienen que han vivido dentro de las fronteras de Florida durante miles de años. Afirman que son el pueblo originario de Florida, y es muy posible que así sea. Vinculada por tradición y parentesco a la cultura misisipiana, la población nativa de Florida estaba en continuo cambio por la depredación de las enfermedades y la guerra con los europeos y otras tribus, así como por la introducción de sangre nueva en forma de poblaciones migratorias procedentes de todo el sureste de Estados Unidos.

Seminola, Miccosukee, Muscogui, Calusa y Creek son todos nombres que se dieron a grupos de nativos americanos en diversas épocas y que a veces incluían a los nativos de Florida, Georgia y Alabama. El grupo que hoy llamamos seminola (que ellos mismos han adoptado) es sin duda una mezcla de distintas identidades que se unieron y forjaron en una conciencia común en Florida al enfrentarse a las potencias extranjeras que se expandían a su alrededor.

Los problemas surgieron a finales del siglo XVIII y principios del XIX, cuando la rivalidad entre Inglaterra, España y los recién creados Estados Unidos llevó a sobornar a algunos *mikos* para que convencieran a sus parientes de alianzas comerciales con diversas potencias europeas y americanas. De ahí surgió el llamado movimiento «nativista», ejemplificado por el líder shawnee Tecumseh, que envió emisarios a los seminolas para fomentar un frente nativo americano unificado contra la invasión blanca, en concreto la de los estadounidenses.

Los seminolas, quizá más que ninguna de las Cinco Tribus Civilizadas, rechazaban la idea de renunciar a sus tierras y ser trasladados al oeste del Misisipi. Los líderes nativistas entre los creek eran Josiah Francis, Peter McQueen, High Head Jim y Paddy Walsh. Se opusieron a líderes como Big Warrior (Gran Guerrero), que se relacionó con el agente indio estadounidense Benjamin Hawkins y apoyó la construcción de carreteras a través del territorio creek sin el consentimiento de otros líderes tribales.

La guerra civil estalló en la Confederación Creek durante la guerra de 1812. Los nativistas, ahora llamados Bastones Rojos, fueron atacados por las fuerzas estadounidenses mientras cruzaban el arroyo Burnt Corn en Alabama tras recibir munición de los británicos en territorio de Florida. En respuesta, atacaron el asentamiento de Samuel Mims. La masacre de Fort Mims tuvo lugar el 30 de agosto de 1813, cuando un grupo de bastones rojos liderado por Peter McQueen y Red Eagle atacó y capturó el fuerte, que estaba mal defendido y comandado por el mayor Daniel Beasley, quien hizo caso omiso de los informes sobre nativos americanos en la zona y era conocido por estar borracho mientras estaba de servicio. Los bastones rojos incendiaron el fuerte y mataron a unas 500 personas, entre soldados, esclavos, mestizos creeks y colonos blancos, incluidos mujeres y niños. La mayoría de los esclavos no murieron, sino que fueron capturados. Solo 36 personas lograron escapar, la mayoría hombres. Los bastones rojos mataron a la mayoría del ganado y destruyeron los campos del asentamiento. Se cree que unos

100 bastones rojos murieron en la lucha.

Esto convirtió la guerra civil entre los creek en una guerra entre los creek y los EE. UU. El territorio de Georgia, Tennessee y Misisipi organizó su milicia, dirigida por el general de división Andrew Jackson. El conflicto terminó en la batalla de Horseshoe Bend, en la actual Alabama, con la victoria estadounidense y el fin de los bastones rojos, muchos de los cuales huyeron hacia el sur, a Florida. El general negoció entonces el Tratado de Fort Jackson, que terminó con la pérdida de veinte millones de acres por parte de los creek, tanto amigos como enemigos.

En Florida, los británicos llevaban tiempo armando a los seminolas, miccosukees y esclavos fugitivos. Con el fin de la guerra de 1812, los bastones rojos que habían huido a Florida no tardaron en afirmar su alianza con los británicos; incluso se vistieron con uniformes británicos y se los podía ver paseando por las calles de Pensacola. Cuando Jackson se enteró de esto, solicitó al gobierno estadounidense que le permitiera tomar Pensacola, que estaba cerca de su asombrosa victoria en Nueva Orleans y muy cerca de la ciudad portuaria estadounidense de Mobile.

Los nativos americanos y los esclavos fugitivos recibieron el apoyo del ejército británico, que no podía permitirse otro conflicto directo con Estados Unidos. Establecieron un fuerte en Prospect Bluff y recibieron víveres de John Forbes & Company, que poseía gran parte del corredor geográfico de Florida gracias a las deudas contraídas por los comerciantes creek y seminolas. El ejército estadounidense llamó al lugar de Prospect Bluff el fuerte Negro porque estaba ocupado exclusivamente por antiguos esclavos y nativos americanos. Aunque España era oficialmente propietaria de Florida, no tenía capacidad para ayudar o detener las acciones de los seminolas, los antiguos esclavos o los británicos. Los españoles presentaron quejas, pero cayeron en saco roto. El número de combatientes nativos americanos y antiguos esclavos en Prospect Bluff superaba al de soldados españoles en Florida Occidental y Oriental.

Jackson recibió la bendición del gobierno estadounidense y procedió a iniciar maniobras contra las fuerzas seminolas y negras en Prospect Bluff. Tras varias escaramuzas, llegaron las cañoneras y alcanzaron un polvorín del fuerte, provocando una gran explosión. De las 300 personas que había en el fuerte, incluidos mujeres y niños, 270 murieron a causa de la explosión. Los soldados estadounidenses capturaron a casi todas las personas que quedaban en el fuerte; devolvieron los esclavos libres a los propietarios españoles y nativos americanos, y torturaron al resto hasta que murieron. Todos los que vivían cerca de Pensacola huyeron al interior de Florida, muchos uniéndose a los seminolas que ya estaban allí. La frontera entre la Florida española y los estados norteamericanos de Georgia y Alabama se convirtió en una zona de creciente tensión, ya que muchos norteamericanos empezaron a realizar incursiones hacia el sur para encontrar esclavos fugados o capturar ganado, mientras que los nativos americanos también realizaban incursiones hacia el norte para detener la incursión de los blancos en sus tierras.

Jackson ordenó construir un nuevo fuerte en el río Flint, cerca de la frontera con Florida. Frente al emplazamiento del fuerte había un poblado miccosukee llamado Fowltown, dirigido por una *miko* llamada Neamathla. Bajo el mando del general Gaines, los hombres del fuerte entraron en un bosque cercano al poblado para obtener madera. Neamathla le dijo a Gaines que no permitiría tales intrusiones. Gaines informó a Neamathla de que la tierra en cuestión había sido cedida por el Tratado de Fort Jackson, al igual que la tierra sobre la que se asentaba Fowltown, por lo que Neamathla y su pueblo estaban sujetos a la ley estadounidense. Neamathla respondió que no había firmado ningún tratado de ese tipo y que la tierra era suya. Por supuesto, ambos hombres, desde su punto de vista, tenían razón. La tierra de Fowltown formaba parte del tratado, pero Neamathla no se consideraba sujeto al mismo. La tierra, como todo lo demás, era propiedad comunal y era utilizada por su pueblo. No la habían cedido a Estados Unidos. Podían utilizar el bosque, pero las tropas tendrían que preguntar antes de talar árboles.

Como resultado de este impasse, estalló un conflicto abierto en noviembre de 1817. Fue el comienzo de la primera guerra Seminola. Los estadounidenses atacaron Fowltown, y los seminolas, junto con africanos libres, esclavos fugados y otros afrodescendientes conocidos como seminolas negros, tomaron represalias atacando un barco lleno de refuerzos en el río Apalachicola, matando a 43 personas.

El general Jackson recibió entonces el mando de las fuerzas del sur e invadió Florida, destruyendo pueblos seminolas a su paso. Tomó Pensacola y capturó el puesto militar español de St. Marks. Estas acciones contribuyeron a que España cediera Florida a Estados Unidos. A cambio, Estados Unidos no desafiaría el control español de Texas. Finalmente, los seminolas aceptaron una rendición en la que se los trasladaba a una reserva en el centro de Florida y se les obligaba a renunciar a sus tierras en el norte de Florida en virtud del Tratado de Moultrie Creek.

Estados Unidos anuló este tratado cuando exigió que los seminolas se trasladaran a Oklahoma como parte de la Ley de Traslado Forzoso de Indios. Los seminolas contraatacaron utilizando tácticas de guerrilla para frustrar los esfuerzos del ejército estadounidense por destruirlos. Esta sería la segunda guerra Seminola, que duró de 1835 a 1842. Finalmente terminó cuando el general Thomas Jesup se hizo con el mando de las fuerzas en Florida y empezó a destruir granjas, pueblos y hogares seminolas para matarlos de hambre. Después secuestró a dos líderes seminolas, Osceola y Micanopy, bajo una falsa bandera de tregua. No hubo tratado de paz oficial, aunque muchos seminolas se trasladaron a Oklahoma.

En 1855 estalló una tercera guerra Seminola cuando los colonos empezaron a enfrentarse a los seminolas en el sur de Florida. Los estadounidenses respondieron de nuevo destruyendo ranchos y granjas. Hacia 1858, muchos más seminolas aceptaron reubicarse. Solo quedaban en Florida bandas de entre 100 y 300 seminolas, que se trasladaron a los Everglades y al pantano Big Cypress, tierras que se consideraron inadecuadas para los colonos blancos.

De ellos descienden todos los seminolas que viven actualmente en Florida, unos 2.000 en total. Se autodenominan el «Pueblo Inconquistable», un sobrenombre muy apropiado. En lugar de las pieles de animales y la artesanía de sus antepasados, los seminolas actuales de Florida cultivan cítricos y crían ganado. El turismo y los beneficios del bingo permiten pagar las escuelas de sus reservas, creadas después de que la tribu seminola de Florida obtuviera el reconocimiento federal en la década de 1950. En 1970, los seminolas de Oklahoma y Florida recibieron más de 12 millones de dólares por las tierras que habían perdido a manos del ejército estadounidense. Hoy en día, algunos siguen viviendo en las estructuras al aire libre con techo de paja llamadas *chickees*.

Capítulo cinco: Los creek muscogui

Los muscogui (o muskogui) eran conocidos y siguen siéndolo a menudo como los creek, nombre que los británicos dieron a una población mucho mayor de nativos americanos. Al igual que los choctaw y los cheroquis, los muscogui descendían de la cultura misisipiana. Vivían en la actual Alabama y en el sur de Georgia, y de ellos procedían los seminolas.

Al igual que las otras Cinco Tribus Civilizadas, los muscogui estaban separados en clanes, que actuaban como familias extensas, y también en pueblos dirigidos por consejos y jefes. Tras verse diezmados por las enfermedades y los conflictos con las tribus vecinas, los muscogui se consolidaron y se trasladaron al interior, alejándose de las costas. A menudo estaban enfrentados a los cheroquis, y los británicos aprovecharon esta circunstancia para fomentar las incursiones y la guerra entre ambas tribus. Suministraban a los muscogui armas de fuego, telas y herramientas metálicas a cambio de pieles, cosechas y esclavos.

Tras la creación de los Estados Unidos de América, los creek se encontraron en medio de un territorio muy disputado: los actuales estados de Misisipi, Alabama y Luisiana, y el oeste de Florida, también llamado «Panhandle». Este viejo suroeste era el hogar de los creek, pero tanto estadounidenses como españoles y británicos lo reclamaban. El más agresivo era también el más reciente: Estados Unidos. Los estadounidenses sobrepasaban continuamente las fronteras e intentaban asentarse en tierras que antes habían quedado excluidas por tratado. Su modo de vida, la agricultura de plantación, requería grandes extensiones de tierra para producir enormes cantidades de cultivos comerciales procesados por mano de obra esclava. Los estadounidenses querían tierras, y los creek las tenían. Los españoles parecían más interesados en conservar lo que era suyo, es decir, el territorio de Florida, que en aquella época también incluía la zona alrededor del puerto de Mobile. Los españoles tenían un nuevo aliado en los británicos, sus antiguos enemigos, que querían recuperar lo que habían perdido en la Revolución estadounidense. Esta situación se volvió especialmente volátil a principios del siglo XIX y desembocaría en dos guerras superpuestas: la guerra de 1812 y la guerra Creek.

A los colonos estadounidenses de Georgia y el territorio del Misisipi les preocupaba que la nueva alianza hispano-británica armara a los nativos americanos y los instigara a atacar los asentamientos. Los británicos ya lo habían hecho en el Territorio del Noroeste, al norte del río Ohio. De hecho, los británicos armarían a los creek en Florida. Existía la preocupación de que esta actividad pudiera ser también la táctica preliminar a una invasión británica desde el golfo de México. Estas preocupaciones ayudaron a empujar a Estados Unidos más cerca de la guerra con Gran Bretaña, junto con el hecho de que los británicos no abandonaron los fuertes como dijeron que harían en el Tratado de París. Los británicos también estaban presionando a los marineros estadounidenses para que sirvieran en la marina británica.

Los creek estaban divididos sobre cómo veían la creciente invasión de los estadounidenses. En el siglo XIX, muchos de los creek se habían casado con colonos estadounidenses y británicos, por lo que había un gran grupo de creek de ascendencia tanto europea como nativa americana. Upper Creek empezaron a cansarse de los intentos de los estadounidenses de cambiar su modo de vida y destruir sus tradiciones. Sin embargo, los Lower Creek pensaban de otra manera. Desde su punto de vista, la mejor opción era hacer las paces con los estadounidenses.

En 1811, Tecumseh viajó al territorio creek y predicó su mensaje contra los estadounidenses. Creía que la única forma de asegurar la supervivencia de los nativos americanos era formar una gran confederación contra Estados Unidos. Su visión se convirtió en una cruzada religiosa gracias en parte al hermano de Tecumseh, Tenskwatawa, o «El Profeta». La aparición de un cometa en el cielo y el terremoto de Nuevo Madrid de 1812 parecieron corroborar las advertencias proféticas de Tecumseh. Aunque no tuvo mucho éxito con los choctaw, los chickasaw y muchos de los creek, algunos de los Upper Creek se unieron en un llamamiento a volver a las costumbres tradicionales y a una resistencia activa contra los estadounidenses. Ese grupo de Muscogui sería conocido como los bastones rojos (*Red Sticks*), por el particular color de sus garrotes de guerra de madera.

Los bastones rojos pronto entraron en guerra con el resto de los creek, a veces llamados bastones blancos por su preferencia por la paz con los estadounidenses. La violencia entre los bastones rojos y los colonos estadounidenses no se hizo esperar. Los bastones rojos atacaban a los colonos, matando a hombres, mujeres y niños. El agente federal Hawkins colaboraría con los bastones blancos para encontrar al creek responsable, que sería entregado a los estadounidenses y ejecutado. Esta serie de sucesos se repetiría una y otra vez a lo largo de 1812 y hasta 1813.

Lo que estalló en julio de 1813 se llamaría la guerra Creek. Enfrentaría a los bastones rojos, con el apoyo material de británicos y españoles, contra los bastones blancos y la milicia estadounidense de Georgia, Tennessee y el territorio de Misisipi. Los bastones rojos atacaron Tuckabatchee, ciudad madre de la Confederación Muscogui Creek. Los bastones blancos respondieron quemando muchos pueblos de bastones rojos. Un grupo de bastones rojos fue atacado por la milicia estadounidense el 27 de julio de 1813. Los bastones rojos regresaban de Pensacola y huyeron, pero se reagruparon y atacaron a los saqueadores estadounidenses y ganaron la batalla de Burnt Corn. El ataque a Fort Mims se llevó a cabo un mes después. El coronel Andrew Jackson fue llamado para dirigir una milicia de 2.500 hombres del oeste de Tennessee para unirse con una fuerza igual del este de Tennessee para detener a los creek en el territorio de Misisipi. Varios bastones blancos creek y los cheroqui se unieron al ejército para detener a los bastones rojos.

La milicia de Georgia de 1.500 hombres, incluyendo amigos creek, avanzó en el territorio de Misisipi y se encontró con un ejército de 1.300 bastones rojos —la fuerza más grande que se levantaría en la guerra. Los georgianos rechazaron el ataque de los bastones rojos, pero se retiraron a Fort Mitchell tras la batalla de Calebee Creek. La milicia del Misisipi llegó a Holy Ground, el centro del territorio de los bastones rojos. No entraron en combate, pero quemaron unas 260 casas. Las fuerzas de

Andrew Jackson partieron de Tennessee en octubre de 1813. Su misión era detener a los bastones rojos, pero su objetivo mayor era atacar Pensacola, que estaba bajo control español. El 3 de noviembre, parte de la caballería de Jackson derrotó a las fuerzas de bastones rojos en la batalla de Tallushatchee; después derrotaron a más bastones rojos en la batalla de Talladega.

Tras meses de problemas con la escasez de suministros, el despido de varias tropas y la deserción de fuerzas adicionales, combinados con el retraso en la recepción de refuerzos, Jackson no pudo volver al campo de batalla hasta marzo de 1814. Los bastones rojos contaban con una fuerza de unos 1.000 guerreros. Jackson mandaba unos 3.300 combatientes, incluidos los nativos americanos aliados, y también disponía de artillería. Se enfrentaron en la batalla de Horseshoe Bend, en la actual Alabama, donde el ejército de Jackson atacó a los bastones rojos en una fortificación de troncos y tierra construida por ellos mismos. Jackson los atacó a cañonazos y ordenó cargar contra el fuerte colina arriba. Uno de los primeros en cruzar el muro fue Sam Houston, futuro líder de Texas, que fue alcanzado por una flecha creek. Los bastones rojos fueron rodeados, pero se negaron a rendirse. De los 1.000 guerreros presentes, casi todos murieron en la batalla. Doscientos creek pudieron escapar y se unieron a los seminola en Florida.

Esto marcaría el final de la guerra Creek. Los muscogui creek tuvieron que firmar el Tratado de Fort Jackson el 9 de agosto de 1814. El tratado exigía a los creek —rojos y blancos por igual— la entrega de veintitrés millones de acres de tierra.

Tras el Tratado de Fort Jackson, Tennessee utilizó la guerra Creek como excusa para exigir la expulsión de los cheroquis, creek y chickasaw. Georgia había conseguido expulsar a los creek del estado en el Tratado de Fort Jackson, y Alabama esperaba hacer lo mismo extendiendo sus leyes a todas las tierras de los nativos americanos y negándose a reconocer la soberanía de varios asentamientos creek. Los creek que reclamaban asignaciones para propiedad privada eran objeto de acoso por parte de sus vecinos blancos. De 1820 a 1840, los creek muscogui fueron obligados sistemáticamente a abandonar el sureste de Estados Unidos e ir al Territorio Indio que se convertiría en Oklahoma —otro Sendero de las Lágrimas. Algunos permanecieron en Alabama y se ganaron la vida a duras penas. Los que viajaron al oeste no estaban en mejor situación. Rechazaron la ayuda que les había prometido el gobierno federal y se centraron en reconstruir su nación. Durante la guerra de Secesión estadounidense, los muscogui se dividieron en dos facciones, una que apoyaba a la Unión y otra que apoyaba a la Confederación. Estas facciones lucharon entre sí, y el bando favorable a la Unión se marchó a Kansas hasta después de la guerra.

Los muscogui (creek) formaron un nuevo gobierno, eligieron una capital en Okmulgee (Oklahoma) y construyeron un edificio en 1866 y 1867. El final del siglo XIX fue una época próspera para la nación, ya que tenía poca interferencia del gobierno federal. Sin embargo, la Ley Curtis de 1898 desmanteló los gobiernos de los nativos americanos en otro intento de asimilarlos a la sociedad blanca. La Ley de Asignación de Dawes obligaba a las tribus a dividir sus propiedades comunales en asignaciones privadas. Esto allanó el camino para que Oklahoma se convirtiera en estado en 1907. Como consecuencia de la Ley Dawes, los muscogui, junto con muchas otras tribus, perdieron grandes cantidades de tierras consideradas «excedentes» por el gobierno federal y vendidas a particulares. El gobierno federal también separó a la población muscogui en tres categorías: «Creek por sangre», «Creek libertos» y «Blancos entrecruzados». El proceso se hizo tan apresuradamente que los miembros de una misma familia, especialmente en el caso de los libertos (descendientes de esclavos liberados), fueron colocados en grupos separados sin tener en cuenta su verdadera condición. Los muscogui (creek) no se reorganizaron y recuperaron su estatus federal hasta 1970.

Capítulo seis: Otras tribus

Los shawnee

Los shawnee son un pueblo de habla algonquina que vivía en el sur de Ohio, Virginia Occidental y el oeste de Pensilvania. En la década de 1660, fueron expulsados de estas tierras por los haudenosaunee, o iroqueses, para apoderarse de estos ricos territorios de caza. Durante un tiempo permanecieron dispersos, pero en 1730 muchos habían regresado al valle del río Ohio. En 1761 se unieron a otras tribus para resistir a los británicos. Este levantamiento fue detenido; sin embargo, se unieron al jefe ottawa Pontiac en su resistencia a los británicos solo dos años después. Fueron detenidos de nuevo. Durante la guerra de Lord Dunmore de 1774, lucharon contra los virginianos. Debido a la victoria virginiana en la batalla de Point Pleasant, los shawnee se vieron obligados a renunciar a todas sus tierras al sur del río Ohio. La tribu volvió a dispersarse. Un grupo se asentó en Misuri y se hizo conocido como los Shawnee ausentes.

Los jefes shawnee Chaqueta Azul, Pequeña Tortuga y, sobre todo, Tecumseh lucharon contra la incursión estadounidense en lo que entonces se llamaba el Territorio del Noroeste, pero que un día serían los actuales estados de Ohio, Indiana, Illinois, Michigan y Wisconsin. Tecumseh reunió a muchas tribus de toda la frontera estadounidense para enfrentarse a los norteamericanos al mismo tiempo que Estados Unidos declaraba la guerra a Gran Bretaña en la guerra de 1812. Tecumseh se puso del lado de los británicos y dirigió varias batallas exitosa contra los estadounidenses, pero los británicos nunca estuvieron dispuestos a ofrecer nada más que apoyo material y simbólico. Así que los generales estadounidenses Anthony Wayne y William Henry Harrison y sus aliados derrotaron a los shawnee. Muchos de los shawnee fueron aniquilados y los que quedaron se trasladaron al oeste del Misisipi. Durante la guerra de Secesión, los que se pusieron del lado de la Unión se autodenominaron Shawnee Leales. En 1869, se trasladaron a las tierras que les ofrecían los cheroquis. En 2000 obtuvieron el reconocimiento federal.

Los pawnee

Los pawnee vivían a lo largo de los afluentes del río Misuri, en lo que sería Kansas y el centro de Nebraska. Cuando los europeos establecieron el primer contacto con los pawnee, la tribu contaba con decenas de miles de miembros y era una de las más grandes de las llanuras. Los pawnee se dividían en cuatro bandas: los skiri, los chaui (chawis), los kitkahahki y los pitahauirata, cada una de las cuales ocupaba un poblado. Los pawnee vivían en un ciclo anual semisedentario. En primavera, vivían en cabañas de tierra con techos abovedados que albergaban hasta veinte personas. Durante esta estación, las mujeres plantaban y cuidaban huertos de maíz, judías y calabaza. Los hombres se ocupaban de los rituales religiosos. En junio, los pawnee viajaban hacia el oeste, a las Altas Llanuras. Allí vivían en refugios temporales en forma de cuenco y cazaban bisontes durante tres meses. A finales de agosto, regresaban para cosechar sus huertos y realizar actividades rituales. Luego, en octubre y noviembre, viajaban de nuevo al oeste para participar en la caza del bisonte en invierno. Durante este tiempo, vivían en tipis de piel de bisonte. En febrero o marzo, regresaban a sus refugios de tierra para esperar la llegada de la primavera.

Como muchas tribus nativas americanas, la vida de los pawnee giraba en torno a la aldea. Sin embargo, con el paso del tiempo, el número de aldeas varió, al igual que la población de cada una de ellas. En ocasiones, las aldeas podían estar formadas por varios miles de personas, y podía haber cientos de aldeas en un momento dado. Cuando los europeos entraron en contacto por primera vez con los pawnee, observaron que los poblados eran grandes, pero poco numerosos, mientras que varias bandas podían coincidir con un poblado, o un poblado podía estar formado por varias bandas. Cada banda o aldea estaba dirigida por cuatro jefes: un jefe principal y tres jefes subordinados. El cargo de jefe era hereditario, aunque alguien podía obtenerlo por méritos, principalmente el éxito en la guerra. Cada aldea tenía un mazo sagrado, un santuario religioso que representaba la historia de esa aldea o banda. El jefe era el propietario del mazo y su esposa se encargaba de cuidarlo, pero un sacerdote principal conocía los rituales y las ceremonias religiosas asociadas a él. El jefe también tenía jóvenes ayudantes que vivían con él, conocidos simplemente como «muchachos». Los pawnee tenían tanto sacerdotes como médicos. Los sacerdotes se ocupaban principalmente del bienestar de la aldea y de traer buena fortuna a la comunidad. Sus dioses eran los dioses del cielo. Los médicos, por su parte, se centraban en las propiedades curativas de animales y plantas. Los animales, incluidos los insectos, podían bendecir a la gente en sueños, por ejemplo. Estos animales podían otorgar poderes a los individuos.

El expansionismo de Estados Unidos empezó a afectar a los pawnee en el siglo XIX, cuando los vagones y las líneas de ferrocarril empezaron a atravesar su territorio. Entonces los blancos empezaron a habitar partes de la tierra pawnee. Con el aumento de la emigración, empezaron a escasear cosas que antes abundaban, como el bisonte, la madera y los pastos. No fueron solo los blancos los que se trasladaron a la tierra pawnee, sino también las tribus desplazadas del este del Misisipi que habían sido expulsadas a la fuerza de sus tierras y a las que Estados Unidos había dado tierras pawnee. En 1833, los pawnee se vieron obligados a renunciar a sus tierras al sur del río Platte. En 1857, fueron confinados a una pequeña reserva en el río Platte. Los pawnee también sufrieron una serie de epidemias que asolaron su población. Durante gran parte de su historia, estuvieron en guerra con los sioux y en conflicto casi continuo con la mayoría de las demás tribus de las Grandes Llanuras. Sin embargo, en 1833 renunciaron por completo a la guerra y entregaron sus armas. Los sioux iniciaron entonces una campaña de exterminio contra los pawnee, ahora indefensos, que no contaban con la protección del gobierno federal.

En las guerras indias posteriores a la guerra de Secesión estadounidense, los pawnee actuaron a menudo como exploradores del ejército estadounidense en su lucha contra los sioux, cheyene y arapajó. También actuaron como protectores de los trabajadores que construían el ferrocarril transcontinental. En 1874, los pawnee abandonaron su reserva de Nebraska y se trasladaron al Territorio Indio de Oklahoma, en tierras cheroquis. Hoy en día, esto es la mayor parte de lo que constituye el condado de Pawnee. Al principio, los pawnee mantuvieron su modo de vida tradicional, en el que grupos separados vivían en aldeas y las tierras de labranza eran de propiedad colectiva y las cultivaban los aldeanos. Estaban dirigidos por jefes, sacerdotes y médicos. Sin embargo, a principios de siglo, muchos pawnee empezaron a vivir en granjas privadas, a vestirse como blancos y a hablar inglés. Ya no cazaban bisontes, sino que criaban ganado y cultivos comerciales. Los mazos sagrados, los sacerdotes y los médicos empezaron a desaparecer. Los jefes fueron sustituidos por agentes. Se determinó que solo se podía cultivar un tercio de la reserva, y el rendimiento era bajo. El ganado también tenía dificultades para sobrevivir en estas condiciones. La sanidad en la reserva era deficiente, y la salud de los pawnee se resintió aún más. En 1901, su población alcanzó un mínimo histórico de 629 habitantes, y no volvió a crecer hasta la década de 1930.

En 1936, los pawnee establecieron una constitución tribal con un consejo de jefes y un consejo comercial. En la década de 1960, habían recuperado las tierras perdidas a las afueras de la ciudad de Pawnee. También adquirieron el complejo de edificios de la Escuela India Pawnee. En 1980, construyeron una casa redonda tribal basada en las cabañas de tierra de su pasado. En la actualidad, la Nación Pawnee posee edificios administrativos, una residencia de ancianos, un hospital, un gimnasio, un fumadero y una parada de camiones en la reserva. Cada cuatro años celebran un regreso a casa en el que pawnee de todo el mundo vuelven a la reserva para participar en bailes comunitarios y visitar a sus parientes.

Los sioux

El nombre «sioux» es la abreviatura de Nadouessioux, que significa «enemigo» en la lengua del pueblo ojibwa. Los sioux abarcan un amplio abanico de pueblos que hablan tres lenguas siouanas diferentes. Los santee o sioux orientales hablaban dakota, los yankton hablaban nakota y los teton o sioux occidentales hablaban lakota. Cada uno de estos grupos estaba formado por tribus diferentes. En el siglo XVII, los santee vivían a orillas del lago Superior, recolectando arroz silvestre y cazando ciervos y bisontes. Debido a las constantes guerras con los ojibwa, los santee se trasladaron a la actual Minnesota, empujando así a los yankton y los teton hacia Dakota del Norte y del Sur. Estos grupos habían sido principalmente agrícolas, pero debido a la aparición de los caballos de las expediciones europeas, empezaron a centrarse más en la caza del bisonte y desarrollaron un estilo de vida más nómada.

Los teton y los yankton compartían similitudes con las tribus de las Grandes Llanuras. Vivían en tipis, vestían ropas de cuero e intercambiaban productos del búfalo por otros tipos de alimentos. Todas las tribus sioux eran muy religiosas y creían en cuatro poderes que presidían el universo. Utilizaban el chamanismo para tratar con las fuerzas sobrenaturales. La mayoría de los hombres se dedicaban a la caza y la guerra, asaltando a tribus vecinas como los pawnee. Las mujeres procesaban las pieles de búfalo, que la tribu utilizaba o intercambiaba por bienes. El acontecimiento anual más importante era la Danza del Sol.

En el siglo XIX, Estados Unidos empezó a invadir el territorio sioux, que incluía Montana, Wyoming, Colorado, Nebraska y Dakota del Norte y del Sur. En 1851, los sioux firmaron el Tratado de Fort Laramie. El tratado hizo que los santee renunciaran a su territorio en Minnesota y se establecieran en una reserva a cambio de anualidades. Sin embargo, las anualidades se gestionaron mal. La falta de caza y la resistencia a un estilo de vida agrario provocaron el hambre en la reserva en 1862. Ese año, los santee intentaron recuperar su territorio. El ejército estadounidense fue llamado para detener lo que se llamaría el levantamiento Sioux. Cuatrocientos colonos, setenta soldados estadounidenses y treinta santees murieron en el conflicto, mientras que varios santees fueron condenados a muerte por su participación en la resistencia. El presidente Lincoln conmutó muchas de las sentencias, pero 38 hombres fueron ahorcados en la mayor ejecución masiva de la historia de Estados Unidos.

En 1866, el jefe High Backbone dirigió una campaña en la que atrajo a una patrulla militar estadounidense de ochenta hombres a una emboscada en la que murieron todos los estadounidenses. Entre los sioux implicados en la masacre de Fetterman se encontraba Caballo Loco (Crazy Horse). El gobierno estadounidense, reconociendo la inutilidad de desarrollar las Llanuras, concedió a los sioux toda Dakota del Sur al oeste del río Misuri en el Segundo Tratado de Fort Laramie de 1868. Sin embargo, cuando se descubrió oro en las Colinas Negras, los buscadores estadounidenses ignoraron el tratado e inundaron el territorio. La mayor victoria de los sioux fue también el principio de su derrota, cuando 200 soldados al mando del teniente coronel George Custer murieron en la batalla de Little Bighorn. La respuesta se conoció como las guerras de las Llanuras, y terminó en 1876, cuando las tribus se rindieron formalmente y la mayoría regresó a sus reservas.

Sin embargo, Toro Sentado (Sitting Bull), Caballo Loco y el jefe Gall se negaron a regresar a las reservas. Caballo Loco acabó rindiéndose, pero fue asesinado por resistirse al arresto por abandonar su reserva. Al parecer, llevaba a su esposa enferma a ver a unos parientes. Los jefes Toro Sentado y Gall entraron en Canadá y permanecieron allí varios años, pero regresaron y se rindieron sin incidentes. A finales del siglo XIX, la religión de la Danza de los espíritus llegó al pueblo sioux y prometía la llegada de un mesías y la desaparición de todos los descendientes europeos de Norteamérica. Estados Unidos ordenó a Toro Sentado que no asistiera a las reuniones de la Danza de los espíritus. Cuando desobedeció esta orden en 1890, fue asesinado. Ese mismo año, el Séptimo de Caballería estadounidense, antiguo regimiento de Custer, mató a 200 hombres, mujeres y niños en Wounded Knee Creek. A partir de entonces, los sioux dejaron de resistirse al ejército estadounidense, y muchos de ellos sirvieron en él a lo largo de los años. En 1973, algunos activistas sioux tomaron simbólicamente el control de Wounded Knee en lo que se conoce como la Ocupación de Wounded Knee.

En la actualidad hay unos 160.000 sioux en Estados Unidos.

Los navajo

Se cree que, entre los años 900 y 1250 a. e. c., el pueblo navajo del noroeste de Nuevo México desarrolló una cultura rica y compleja con una vasta red comercial entre el pueblo Anasazi y la gente Pueblo. En el siglo XVI entraron en contacto con los españoles. En 1680, se unieron a los pueblo y a los apache en la revuelta Pueblo contra España, obligando a los españoles a entrar en México durante un tiempo. Pero, en 1693, los españoles regresaron y reconquistaron el valle del Río Grande. Muchos pueblo buscaron refugio con los navajo, lo que creó una sociedad mixta con elementos de ambos grupos entrelazados. Los navajos adoptaron rápidamente el uso de caballos, que a veces robaban a los españoles. También criaban ovejas y cabras, que los españoles introdujeron en la zona. En el siglo XVIII, ya se habían trasladado al sur de Utah y al norte de Arizona. Los españoles se aliaron con grupos comanches y ute, conquistando todo el suroeste y esclavizando a muchos navajos.

A finales del siglo XIX, los navajos luchaban principalmente contra las fuerzas estadounidenses. Bajo el mando de Christopher «Kit» Carson, Estados Unidos utilizó tácticas de tierra quemada para acabar obligando a los navajos a rendirse. Después de 1863, los navajos se vieron obligados a realizar lo que se conocería como la Larga Marcha, una marcha forzada desde su tierra natal hasta el centro de Nuevo México. Muchos murieron en el viaje, pero los que sobrevivieron fueron confinados en la pequeña, abarrotada e insalubre reserva de Bosque Redondo, en Fort Sumner. Sin embargo, en 1868 se firmó un nuevo tratado que les permitió regresar a su tierra natal. La Reserva Navajo, hoy conocida como la Nación Navajo, acabaría abarcando 27.000 millas cuadradas en Arizona, Utah y Nuevo México.

Para los propios navajos, su origen es una historia muy diferente, a la que se suele hacer referencia como la Historia del Surgimiento. En esta historia, el Primer Hombre y la Primera Mujer, junto con su pueblo, emergieron del Primer Mundo al Cuarto Mundo, también conocido como el Mundo de la Superficie Terrestre. El Primer Hombre trajo consigo cuatro montañas sagradas del Tercer Mundo, que marcaron la tierra sagrada del pueblo navajo. Hoy en día, las montañas se conocen como el pico Blanco en Colorado, la montaña Taylor en Nuevo México, la montaña Humphreys en Arizona y el pico Hesperus en Colorado. Sin embargo, para los navajos son la montaña Blanca, la montaña Turquesa, la montaña Amarilla y la montaña Oscura, respectivamente.

Los navajos adquirieron importancia durante la Segunda Guerra Mundial, cuando se utilizó su lengua para engañar a los japoneses. Los «Code Talkers» (locutor de claves) eran navajos de excepcional valentía que se convirtieron en héroes en el Teatro del Pacífico, pero no fueron los únicos. Miles de navajos se alistaron en el Ejército, la Marina, el Cuerpo de Marines y el Cuerpo Femenino del Ejército, por no hablar de los que abandonaron la reserva para trabajar en industrias relacionadas con la guerra. Hoy, la población de la Nación Navajo supera los 250.000 habitantes. El gobierno navajo consta de los poderes ejecutivo, legislativo y judicial, y el Consejo de la Nación Navajo está formado por 88 delegados que representan a 110 capítulos de la Nación Navajo. Es uno de los órganos de gobierno nativo americano más exitosos que existen.

Los comanches

Los comanches se llaman a sí mismos Nermernuh. El nombre «comanche» es una palabra ute que significa «cualquiera que quiera pelear conmigo todo el tiempo». Originalmente, los comanches formaban parte de los shoshone de Wyoming, pero se separaron y se trasladaron al sur, desplazando a otras tribus como los apaches. Hablaban una lengua uto-azteca, que se cuenta entre las familias lingüísticas más grandes y antiguas de Norteamérica, con hablantes que en un tiempo se extendían desde Oregón hasta Panamá. En el siglo XIX eran una tribu numerosa y poderosa, con entre 7.000 y 30.000 miembros.

Al igual que otros nativos americanos de las Grandes Llanuras, los comanches adoptaron rápidamente el uso de caballos de los españoles. Llevaban un estilo de vida nómada, siguiendo y cazando rebaños de bisontes. Su principal industria era la transformación del bisonte en abrigos, cubiertas de tipis, soportes para el agua y artículos que vendían o intercambiaban por otros bienes. A finales del siglo XIX, había trece grupos distintos dentro de la tribu, de los cuales los cinco principales eran los yamparika (devoradores de yap), los kotsoteka (devoradores de bisontes), los penateka (devoradores de miel), los nokoni (errantes o los que vuelven atrás) y los quahadis (antílopes).

En 1864, Kit Carson dirigió una infructuosa campaña contra los comanches. Al año siguiente, los comanches firmaron un tratado con Estados Unidos en el que se les prometía el oeste de Oklahoma; sin embargo, el gobierno estadounidense hizo poco por impedir que los ocupantes ilegales entraran en su territorio. En 1867, aumentó la tensión entre los comanches y Estados Unidos, lo que desembocó en actos violentos. A raíz de esto, los comanches iban a ser asentados en una reserva en Oklahoma, pero los ocupantes ilegales blancos siguieron invadiendo sus tierras. Los enfrentamientos continuaron entre ambos. Aun así, no todas las bandas comanches se asentaron en la reserva. Quanah Parker lideró a los comanches del Antílope durante la guerra del río Rojo, que terminó en 1875 cuando Parker y su banda comanche se rindieron al ejército estadounidense en Fort Sill y se asentaron en la reserva comanche de Oklahoma.

Los intentos de convertir a los comanches en agricultores no tuvieron éxito, pero sí criaron ganado. En 1930, el descubrimiento de petróleo y gas natural a lo largo del río Rojo benefició a algunas tribus cuando arrendaron sus asignaciones a compañías petroleras. Algunos terratenientes se hicieron muy ricos en las décadas de 1970 y 1980 gracias a este acuerdo. También se abrió un casino en Lawton, la capital tribal, cuyos beneficios se destinan a importantes iniciativas tribales. En la actualidad, los comanches se cuentan por decenas de miles.

Los apaches

La denominación «apache» es generalizada. Varios grupos bajo ese término paraguas también se han llamado Yutaglen-ne, Ypandi, Tontos, Querechos, Natagee, Gilenos, Faraones, Mescalero, Lipan y Apachu, entre otros. El nombre *apachu* fue utilizado por el pueblo onate para describir a un grupo que vivía en las llanuras del sur. Los españoles cambiaron el nombre por el de apache y lo utilizaron para describir a varios grupos, pero no se utilizó universalmente hasta el siglo XIX. Los entonces llamados apaches tenían sus raíces en Canadá y en las zonas del norte de las Grandes Llanuras. Con el tiempo emigraron al sur y vivieron en las llanuras meridionales de Texas, Oklahoma y Nuevo México. Cuando Coronado viajó por las Llanuras del Sur en 1541, se encontró con los querechos y los teyas, que probablemente eran apaches.

No se sabe con exactitud cuándo emigraron los apaches hacia el sur, pero cuando lo hicieron, se separaron en dos grupos distintos: los apaches orientales y los apaches occidentales. Hubo otras subdivisiones más. Como la mayoría de los nativos americanos, la principal unidad social era la familia extensa, que podía ser bastante grande y que los exploradores europeos y los colonos estadounidenses solían llamar aldea. A menudo existían grandes grupos, a veces denominados bandas, así como grupos aún mayores, a menudo identificados como tribus. Sin embargo, esta distinción siempre se hace desde una perspectiva europea o estadounidense y a menudo no es como los pueblos se veían a sí mismos. Los españoles utilizaban indistintamente los términos navajo y apache, pero hoy en día se consideran grupos muy separados. Algunas de las divisiones de los apaches se identifican por su nombre, como los apaches mescaleros y los lipanes. Otros nombres de grupo, como los pelones, no llegaron a ser preeminentes en la identificación por parte de los forasteros.

Con el tiempo, los apaches se desplazaron aún más al sur, a medida que los comanches penetraban en su territorio. Finalmente, en el siglo XVIII, se asentaron a lo largo del río Pecos y del río Grande, donde preocuparon a los españoles, que los veían como una amenaza. Los apaches, sin embargo, estaban más preocupados por el movimiento hacia el oeste de los británicos y luego de los estadounidenses. Se aliaron con sus anteriores enemigos, los jumanos y los tonkawa, y permitieron que los españoles establecieran misiones en su territorio. Una misión, la de Santa Cruz de San Sabá, también tenía un fuerte o presidio. Este fue atacado por los comanches y otros aliados, todos enemigos de los apaches, y fue abandonado. Las misiones no tuvieron mucho éxito, ya que querían convencer a los apaches de que abandonaran su estilo de vida nómada y cultivaran cosechas como el maíz. La zona de distribución de los apaches era muy amplia, y se realizaban incursiones y viajes de caza a México y a través de las Grandes Llanuras. Cuando Estados Unidos entró en guerra con México en 1846, los apaches concedieron a Estados Unidos el paso seguro a través de sus tierras y reconocieron las reclamaciones estadounidenses sobre anteriores porciones de México. Sin embargo, en la década de 1850, estalló la violencia entre los estadounidenses y los apaches en lo que a veces se llama «las guerras apaches». En 1875, Estados Unidos expulsó por la fuerza a 1.500 apaches de su tierra natal para que marcharan 180 millas hasta la Agencia India de San Carlos. Aun así, otros apaches se resistieron. La derrota final llegó en 1886, cuando la banda de Gerónimo, compuesta por cincuenta hombres, mujeres y niños, se vio obligada a rendirse ante 5.000 soldados estadounidenses en Arizona.

La Reserva Apache Mescalero fue creada por orden ejecutiva el 27 de mayo de 1873 por el presidente Ulysses S. Grant. Al principio, los apaches de allí solo eran 400, pero otros se les han ido uniendo a lo largo de los años. Formaron un gobierno dirigido por un Consejo Tribal de ocho miembros, con un presidente y un vicepresidente. Su constitución se estableció en 1965.

SEGUNDA PARTE: SENDEROS Y TRIBULACIONES

Capítulo siete: Andrew Jackson y Martin Van Buren

Andrew Jackson, séptimo presidente de los Estados Unidos de América.
https://commons.wikimedia.org/wiki/File:Andrew_jackson_head.jpg

Nacido de inmigrantes irlandeses en el interior de Carolina, Andrew Jackson tuvo unos orígenes ciertamente humildes. Su padre, Andrew Jackson, murió antes de que naciera el joven. Nació en 1767 en la región de Waxhaws, en la colonia de Carolina; aún se discute si nació en Carolina del Norte o del Sur. La Revolución estadounidense comenzó cuando él era apenas un adolescente, pero se unió a sus hermanos mayores y se convirtió en un niño soldado, con la intención de luchar contra los opresores británicos y conseguir la independencia de Estados Unidos. Su hermano Hugh murió expuesto al sol mientras luchaba. Andrew y su otro hermano, Robert, fueron capturados y contrajeron la viruela. La enfermedad mató a Robert, pero dejó a Andrew, que nunca había sido un niño especialmente sano, devastado por la enfermedad. Su madre consiguió liberar a Jackson y lo llevó a casa, pero murió repentinamente de cólera poco después. Jackson se quedó sin familia y tuvo que depender de la amabilidad de sus vecinos de Waxhaws. A pesar de sus dificultades, se convirtió en un bebedor empedernido, jugador, aficionado a los caballos y propenso a los duelos. Tenía el honor en la más alta estima y no toleraba ninguna mancha ni en él ni en aquellos a los que quería.

Tras la formación de los Estados Unidos, Jackson estudió derecho y consiguió empleo en Nashville, Tennessee, que entonces era una ciudad fronteriza. Allí conoció y se casó con Rachel Donelson, que había sido atacada por nativos americanos cuando era niña y se dirigía a vivir a Tennessee. Rachel había estado casada antes, pero se había divorciado. Esto nunca preocupó a Jackson, pero le causaría problemas más adelante. Entró en política en 1795 como jeffersoniano acérrimo, opuesto a un gobierno central fuerte. Era popular debido a sus orígenes: los votantes sentían que podía identificarse con su dura vida. Se convirtió en senador y construyó una gran plantación llamada Hermitage, donde poseía muchos esclavos y cultivaba algodón. Rápidamente se convirtió en uno de los hombres más ricos de Tennessee.

Jackson, como ciudadano y representante de los hombres de frontera, siempre consideró a los nativos americanos como un enemigo, en concreto a cualquiera que no se sometiera al poder estadounidense. En 1802 fue nombrado general de división de la Milicia Estatal de Tennessee. Al comienzo de la guerra de 1812, Jackson estaba ansioso por participar en la contienda. Cuando en 1813 recibió órdenes de contener la amenaza de los nativos americanos en Florida y el sur de Alabama, debió de aprovechar la oportunidad y demostró estar a la altura del desafío.

Jackson y sus hombres estaban especialmente motivados tras la masacre de Fort Mims; se dice que Jackson estaba particularmente indignado por estos sucesos. Sin embargo, como suele ocurrir, las cosas eran más complicadas de lo que parecía a primera vista. Jackson no creía, por ejemplo, que todos los nativos americanos fueran esencialmente malvados, y no creía, a pesar de lo que algunos afirman, que los nativos americanos debieran ser exterminados. El propio Samuel Mims era en parte nativo americano, al igual que muchos de los hombres de la milicia, y muchos de los aliados de Jackson eran cheroquis. En una batalla, un cheroqui salvó la vida de Jackson. Sin embargo, lo más seguro es que Jackson pensara que los nativos americanos eran de una raza inferior a la suya y que, por tanto, debían someterse al control estadounidense. Para Jackson, si un nativo mataba a un colono blanco, perdía la vida. Tras supervisar la matanza de Tallushatchee, Jackson informó felizmente a sus superiores de que había matado a 200 nativos americanos. Como dijo uno de los soldados, Davy Crockett, les habían «disparado como a perros».

La milicia de Jackson y los aliados creek y cheroqui acabaron arrollando a los bastones rojos en Horseshoe Bend, completando así, y quizá superando, la misión de Jackson de contener la amenaza. Por su labor, Jackson fue nombrado general de división del ejército regular. Entre 1816 y 1820, firmó cinco tratados con los nativos americanos para obtener decenas de millones de acres tanto de enemigos como de aliados. En 1817, Jackson experimentó con el traslado forzoso en un tratado conseguido con sobornos de los cheroquis. Intercambió dos millones de acres en Tennessee, Georgia y Alabama por dos millones en Arkansas. Jackson era expansionista y creía que Estados Unidos necesitaba más tierras para su creciente población y su industria agrícola. Los nativos americanos se interponían en su idea de progreso. Con esta idea en mente, llevó la lucha a la Florida española en la primera guerra Seminola, consiguiendo finalmente que Florida se convirtiera en un nuevo estado.

Jackson se presentó a las elecciones presidenciales de 1824, pero perdió por un estrecho margen frente a John Quincy Adams. Volvió a presentarse cuatro años después y ganó el cargo de comandante en jefe. Su éxito en las urnas fue una declaración sobre la naturaleza cambiante de la política estadounidense de la época. Jackson no pertenecía a la aristocracia sureña ni a la élite intelectual del norte; era un plebeyo. Sin embargo, sus ambiciones, principios y éxitos distaban mucho de ser comunes. Fue una de las primeras historias estadounidenses de «pobreza y riqueza» y el héroe militar más destacado de su época. Como presidente, era mucho lo que quería conseguir. Deseaba acabar con el Segundo Banco de los Estados Unidos, que consideraba demasiado poderoso, y pasar a la moneda fuerte. Le preocupaba la creciente animosidad entre los manifestantes antiesclavistas y los propietarios de esclavos, incluido él mismo. En su primer discurso inaugural, prometió observar una política «justa y liberal» hacia los nativos americanos. Era la promesa típica de un político, vaga y evasiva, que no promete nada.

En 1829, Georgia quiso expulsar a los cheroquis de su estado, en parte debido al descubrimiento de oro en tierras cheroquis. Jackson pensó que había llegado el momento de establecer una política federal clara sobre todas las cuestiones relacionadas con los nativos americanos y creyó que la mejor política para Estados Unidos era la reubicación «voluntaria» de todos los nativos americanos en zonas situadas al oeste del Misisipi. Con este espíritu, presentó la Ley de Traslado Forzoso de Indios. Esta propuesta de ley gestionaría la migración de miles de nativos americanos. Varias personas escribieron en protesta por el trato que Jackson daba a los nativos americanos, pero Jackson creía que las protestas estaban organizadas por sus enemigos políticos y no eran verdaderas expresiones de un deseo de derechos para los nativos americanos. Los cheroquis argumentaban que eran un estado soberano y una nación separada, pero Jackson no estaba de acuerdo. No creía que la existencia de naciones separadas dentro del territorio estadounidense fuera constitucional. Jackson se aseguró de que los partidarios de la expulsión ocuparan puestos clave, y su protegido, Martin Van Buren, trabajó incansablemente para conseguir el voto que convirtiera en ley la expulsión de los indios, aunque se preguntaba si eso podría perjudicarlo políticamente. Cuando la Ley de Traslado Forzoso de Indios se aprobó por un estrecho margen en 1830, Jackson no podía estar más satisfecho. Pensó que lo mejor para los estadounidenses y los nativos americanos era el traslado bajo protección federal para que los nativos americanos pudieran vivir como quisieran. El traslado de indios no fue genocida, pero no respetaba la vida de los nativos americanos en su aplicación.

El traslado resultó ser ruinoso para los nativos americanos, no la protección paternal que Jackson y otros habían vendido a los nativos americanos y a la población estadounidense. Los planes de adjudicación en los que los nativos americanos podían recibir propiedades privadas dieron lugar a fraudes en los que los estafadores compraban tierras a los nativos americanos por mucho menos de lo que valían. Esto dejó a muchos sin hogar y los llevó a la delincuencia. Este fue el caso de los creek de Alabama, que obligaron a 15.000 personas a desplazarse al oeste. No se proporcionaron fondos suficientes para el viaje, lo que llevó a horribles condiciones en el «Sendero de las Lágrimas». Miles murieron de viruela, cólera, desnutrición y exposición. Fue quizá la primera marcha de la muerte de la historia.

Los cheroquis se defendieron en los tribunales. En el caso *Cheroqui contra Georgia*, el Tribunal Supremo dictaminó que los cheroquis eran un estado nacional dependiente. Las cosas se aclararon en *Worcester contra Georgia*, en el que el tribunal dictaminó que el estado de Georgia no tenía autoridad sobre los cheroquis, que solo estaban bajo jurisdicción federal. Esto fue problemático para Jackson porque se apoyaba en las autoridades estatales para hacer las cosas desfavorables a los nativos americanos y convencerlos así de que se ofrecieran «voluntariamente» para la expulsión. Sin embargo, Georgia se negó a reconocer el fallo del tribunal y Jackson se negó a aplicarlo.

Jackson es recordado con razón como un enemigo de todos los nativos americanos, incluso de aquellos a los que consideraba aliados, porque su insistencia en la «solución» de la expulsión se basaba en ideas racistas y era, como mínimo, condescendiente con los nativos americanos y, en el peor de los casos, muy mortífera. En 1837, la administración de Jackson había expulsado a 46.000 nativos americanos de sus tierras natales hacia tierras situadas al oeste del río Misisipí, muchos de ellos a punta de bayoneta. A menudo no se permitía a los nativos americanos recoger sus pertenencias, y los blancos saqueaban sus casas cuando se marchaban.

Aunque gran parte de la expulsión de los indios fue llevada a cabo por Jackson, se dejó más en manos de su predecesor, Martin Van Buren. Este, al igual que Jackson, tenía orígenes humildes, pero sus puntos de partida estaban muy alejados. Van Buren era hijo de un tabernero de Kinderhook, Nueva York. Además, al igual que Jackson, era un abogado que primero había ascendido en la política estatal y luego fue elegido senador de EE. UU. Se convirtió en el jacksoniano más famoso del norte y fue nombrado secretario de Estado por Jackson. Van Buren pronto demostró ser el asesor de confianza de Jackson dentro del Gabinete. Después de que el vicepresidente John C. Calhoun y Jackson se pelearan, Jackson nombró a Van Buren su nuevo vicepresidente en su segundo mandato. Van Buren se ganó el apodo del «pequeño mago» por su baja estatura y su habilidad para negociar circunstancias políticas difíciles. Van Buren se convirtió entonces en el

8º presidente de los Estados Unidos gracias en gran parte al apoyo de Jackson.

Cuando Van Buren asumió el cargo, miles de nativos americanos ya habían sido reubicados como parte de la Ley de Traslado Forzoso de Indios de 1830. Van Buren apoyó totalmente la ley y se propuso aplicarla con tanto vigor como su mentor. Van Buren veía su papel como el de un guardián y benefactor de los nativos americanos. Se desconoce cómo rectificó esta imagen con los informes de miles de muertos en el Sendero de las Lágrimas. Su principal objetivo como «benefactor» era reunir a los últimos cheroquis al este del Misisipi y obligarlos a trasladarse a tierras del oeste. Un grupo de cheroquis había firmado el Tratado de Nueva Echota, que renunciaba a todas las tierras cheroquis al este del Misisipi, pero los firmantes no representaban a toda la población cheroqui. Van Buren ignoró este hecho y envió al ejército a capturar a los cheroquis y recluirlos en campos de internamiento.

Los cheroquis restantes se vieron obligados a recorrer el Sendero de las Lágrimas, y se calcula que unos 4.000 murieron durante la marcha invernal de 1838. Para Van Buren, sin embargo, había sido un éxito, uno de los pocos de su empañado mandato. Poco después de asumir el cargo, el país sufrió el Pánico de 1837, la peor crisis financiera de su historia. Las políticas económicas de Van Buren resultaron ineficaces ante el problema, y perdió su candidatura para un segundo mandato. Sus esfuerzos por detener la anexión de Texas también resultaron insuficientes, ya que el estado entró en la unión poco después de que él dejara el cargo. Su temor a una guerra con México se hizo realidad. Se presentó de nuevo a las elecciones presidenciales por el partido Free Soil, que se oponía a la expansión de la esclavitud, pero perdió. Murió al comienzo de la guerra de Secesión.

Tanto Jackson como Van Buren afirmaron que sus políticas hacia los nativos americanos eran justas y acertadas. Para los nativos americanos era todo lo contrario. Puede que Jackson y Van Buren no pretendieran que la expulsión de los indios fuera un genocidio, pero en la práctica lo fue, porque mató a miles de nativos americanos inocentes, obligados a participar en estas marchas simplemente por ser nativos americanos. Jackson es recordado como un fuerte líder militar, y ciertamente lo era, pero trataba a sus aliados tan mal como a sus enemigos si eran nativos americanos. El legado de Jackson y Van Buren es un legado en el que el racismo traspasa todas las perspectivas. Eran hombres del pueblo, pero para ellos, «el pueblo» solo se definía como los hombres blancos. Eran populistas solo porque apelaban y se preocupaban por la población votante. Los esclavos, las mujeres, los inmigrantes no blancos y los nativos americanos debían ser protegidos por la benevolencia de los hombres blancos, pero esa benevolencia solo llegaba hasta cierto punto. Si se hubiera reservado el dinero adecuado y lo hubieran gestionado hombres honrados, el Sendero de las Lágrimas habría seguido siendo excepcionalmente racista, pero al menos no habría sido tan mortífero. La responsabilidad de la muerte de estos nativos americanos debe recaer sobre alguien. Y, puesto que los que orquestaron la política al más alto nivel querían ser aclamados por sus acciones, también merecen la responsabilidad y el legado de sus acciones antihumanitarias. Cada muerte en el Sendero de las Lágrimas recae sobre Jackson y Van Buren, además de muchas otras muertes.

Capítulo ocho: Ley de Traslado Forzoso de Indios de 1830

A principios del siglo XIX, a menudo se describía a la población estadounidense como ávida de tierras. Los estadounidenses, muchos de ellos recién llegados de Inglaterra, Irlanda y Escocia, deseaban grandes extensiones de tierra para dedicarse principalmente a la agricultura. En el sur, más cálido, los plantadores querían grandes extensiones para cultivar grandes cantidades de arroz, tabaco y algodón. En el norte, más templado, los agricultores se centraron en el cultivo de cereales y maíz. En ambas zonas se criaba ganado, especialmente porcino y vacuno. Los estadounidenses empujaban continuamente hacia el oeste, hacia lo que se convertiría en Ohio, Kentucky, Virginia Occidental, Pensilvania, las Carolinas, Tennessee, Alabama y Misisipi. La promesa de tierras ricas y prosperidad anulaba los peligros de las poblaciones nativas o el hecho de que estos estadounidenses rompían los tratados establecidos con varias tribus nativas americanas. Las colonias estadounidenses, que empezaron en las costas, continuaron invariablemente un empuje constante hacia el interior. En Ohio, por ejemplo, cuando se estableció el primer asentamiento oficial estadounidense en la ciudad de Marietta, ya había decenas de familias que se habían asentado en esa zona y habían sido expulsadas por los nativos americanos, para ser sustituidas por más ocupantes ilegales.

Aunque no cabe duda de que las enfermedades hicieron mella en las poblaciones nativas americanas, fue realmente el incesante suministro de colonos blancos lo que selló el destino de las tribus de estas zonas más que cualquier avance tecnológico o imaginario de la sociedad. Tanto el crecimiento demográfico en las islas británicas como la promesa de grandes riquezas en el «Nuevo Mundo» llevaron a Estados Unidos a la previsible rutina de firmar tratados para luego romperlos y obligar a los nativos americanos a abandonar sus tierras. Es posible que algunos de los estadounidenses que firmaron estos tratados creyeran que se cumplirían, pero muchos debían de saber que eran promesas falsas. Los dirigentes estadounidenses tenían poco o ningún control sobre la expansión de su país hacia el río Misisipi; con el tiempo, esta realidad se describiría como «destino manifiesto», dándole la implicación de algo mayor de lo que era.

A principios del siglo XIX, había bastado con que el gobierno federal concertara tratados con las tribus según su criterio, pero en la década de 1820 se hizo evidente para algunos que era necesaria una política federal estándar que dictara cómo tratar los asuntos de los nativos americanos. Cuando Jackson ganó las elecciones de 1828, ya tenía en mente una «política india» nueva y de gran alcance, con la creencia de que los nativos americanos del sureste debían renunciar a sus tierras y trasladarse a las tierras situadas al oeste del río Misisipí. Los anteriores presidentes Jefferson y Monroe habían expresado su deseo de hacer precisamente eso, pero nunca habían propuesto ninguna legislación. Jackson ya lo había hecho después de la batalla de Horseshoe Bend, cuando obligó a los creek a renunciar a veintidós millones de acres en el sureste por veintidós millones de acres en lo que se convertiría en Arkansas.

Los nativos americanos se habían adaptado a esta nueva estrategia. Reconocían que no podían derrotar a los estadounidenses en la batalla, puesto que ya no podían confiar en las alianzas con potencias europeas como Inglaterra, Francia o España para contrarrestar a los estadounidenses, que los superaban en número. En su lugar, los creek, cheroquis, choctaw y chickasaw pensaron que la mejor respuesta sería el apaciguamiento. Estas tribus empezaron a conformarse con los ideales estadounidenses en gran número. Según su teoría, si cedían parte de sus tierras a los estadounidenses, tal vez podrían conservar algunas de sus tierras natales y vivir junto a ellos. Si se parecían a los estadounidenses, cultivaban como ellos, eran cristianos como ellos y poseían esclavos como sus vecinos estadounidenses, quizá los estadounidenses mantuvieran su palabra. Por supuesto, en retrospectiva, uno puede ver que subestimaron lo mucho que los estadounidenses deseaban sus tierras y cómo nunca verían a los nativos americanos como iguales. Aun así, estas tribus tenían muy pocas opciones en las circunstancias en las que se encontraban.

El proceso de la Ley de Traslado Forzoso de Indios consistía en que el presidente estableciera primero las tierras al oeste del Misisipi y ofreciera asignaciones de esas tierras a las tribus de nativos americanos. A los que no quisieran ir al oeste se les asignarían tierras en su estado actual y se convertirían en ciudadanos estadounidenses sujetos a las leyes de Estados Unidos. (Jackson creía que solo los terratenientes más ricos entre los nativos americanos aceptarían esta opción). La ley establecía un lenguaje específico que otorgaba al presidente el poder de garantizar que la tierra que estaba dando a los nativos americanos sería siempre suya. Sin embargo, si los nativos americanos se extinguían o abandonaban la tierra, esta volvería a ser propiedad de Estados Unidos. También establecía que si la tierra que los nativos americanos abandonaban había sido mejorada por ellos de alguna manera, se le daría un valor a las mejoras y se les pagaría ese valor (esto rara vez ocurría). Se exigiría al presidente que proporcionara ayuda y asistencia «adecuadas» para que los nativos americanos emigraran a sus nuevas tierras y que les proporcionara ayuda y asistencia durante el primer año que ocuparan sus nuevas tierras. La ley también especificaba que se reservaran 500.000 dólares para ayudar a hacer cumplir la ley tal y como se describe. (Muy poco de ese dinero se utilizó para ayudar a los nativos americanos).

El 26 de mayo de 1830, la Cámara de Representantes de Estados Unidos votó la Ley de Traslado Forzoso de Indios. Se aprobó por un estrecho margen de 102 votos a favor y 97 en contra. El senador Theodore Frelinghuysen de Nueva Jersey y otros se opusieron firmemente a la ley en el Senado. Sin embargo, Jackson y sus poderosos partidarios eran más de lo que se podía esperar. La ley fue rápidamente aprobada en el Senado y promulgada por Jackson el 28 de mayo de 1830. En diciembre de ese año, Jackson esbozó su política de traslado de indios en su segundo mensaje anual, afirmando que se alegraba de anunciar que la «benevolente política del Gobierno» se acercaba a su fin, pues ya había trasladado a varios nativos americanos a tierras del oeste.

Frelinghuysen y sus compañeros del Senado no fueron los únicos que se oponían a la Ley de Traslado Forzoso de Indios. El representante de Tennessee Davy Crockett se opuso abiertamente al traslado de indios. Pero los mayores opositores eran los propios nativos americanos. En conjunto, no apoyaban el traslado de ninguna manera. Algunos simplemente lo veían inevitable, pero muchos instaban a sus líderes a contraatacar, normalmente por medios legales y no militares, lo que ya se había intentado. Las tierras a las que se les pedía que renunciaran eran sus hogares ancestrales: aldeas, bosques y montañas que habían formado parte de su cultura tanto como cualquier ritual o clan. El mayor grupo que se resistió fue el Cheroqui, que no sería expulsado por completo hasta 1839.

La Ley de Traslado Forzoso de Indios de Jackson codificó los objetivos de Estados Unidos. Cuando se aprobó la ley, Jackson y su administración tuvieron libertad para persuadir, sobornar y amenazar a las tribus para que cedieran sus tierras en el sureste. En el proceso de aplicación de la Ley de Traslado Forzoso de Indios, Jackson firmó setenta tratados con los nativos americanos, forzándolos, finalmente, a lo que sería el este de Oklahoma. En la década de 1840, salvo el pequeño grupo de Seminolas que luchaban en Florida, no quedaba ningún nativo americano desde la costa atlántica hasta el río Misisipí en el sur de Estados Unidos.

Hubo un intento en el Senado de asegurarse de que la calidad de la tierra a la que se trasladaba a los nativos americanos fuera la misma que la de la tierra que abandonaban, pero fue descartado. Por lo tanto, muchos nativos americanos encontraron las nuevas tierras áridas y carentes de madera y caza. No solo eso, sino que el nuevo territorio al que fueron enviados no estaba completamente desprovisto de sus propios nativos. De ahí que el proceso de desplazamiento y violencia se extendiera por las Grandes Llanuras.

Aun así, el lenguaje de la Ley de Traslado daba la impresión de que los nativos americanos eran enviados a nuevas tierras para formar sus propias naciones lejos de los colonos blancos. En 1830, los estadounidenses debían de ser conscientes de que la frontera seguiría avanzando hacia el oeste hasta llegar al Pacífico. La idea de que los colonos blancos no cruzarían el Misisipi, sostenida a menudo a principios del siglo IX, hacía tiempo que se había demostrado infundada. Después de todo, Missouri se había convertido en estado en 1821. Arkansas entraría en la unión en 1836. En 1839, cuando los últimos cheroquis cruzaban el Misisipi, se fundó la Universidad de Misuri, la primera de su clase al oeste del río. El Territorio Indio seguiría siéndolo hasta que, finalmente, en 1907, Oklahoma se convirtió en el 46º estado.

Pero los nativos americanos querían algo diferente. Intentaron por todos los medios conservar sus tierras ancestrales: ése era su principal objetivo. Estaban dispuestos a vivir como blancos y a ser aceptados en su sociedad siempre que pudieran conservar sus tierras. Crearon periódicos como el *Cherokee Phoenix*, que aplaudía la forma en que los cheroquis y otras tribus vestían con ropas finas, iban a la iglesia y criaban ganado. En la misma edición en la que el *Cherokee Phoenix* anunciaba la Ley de Traslado, también aparecía una buena reseña de los chickasaw, que habían abandonado la costumbre de que las mujeres trabajaran en el campo. En su lugar, los hombres trabajaban en el campo mientras las mujeres de la familia se quedaban en casa y se ocupaban de los asuntos domésticos. Los caballos de los chickasaw se describían como más fuertes y resistentes que los de los hombres blancos. Pero no era suficiente. Los nativos americanos podían aparentar y actuar como tales —incluso superar a los blancos en ciertos aspectos—, pero no serían aceptados en la sociedad estadounidense. Los estadounidenses, al menos los que tenían más poder, solo estarían contentos si los nativos americanos fueran total y absolutamente eliminados.

Capítulo nueve: El Tratado de Nueva Echota

En 1790, un niño en parte escocés y en parte cheroqui llamado John Ross nació en Alabama. Creció aprendiendo la cultura Cheroqui de su madre y su abuela materna, además recibió una buena educación en las escuelas de Tennessee, donde vivía su familia. Instó a los cheroquis a aliarse con Estados Unidos en la guerra de los creek contra los bastones rojos. Ross se unió a la lucha y formó parte de una unidad cheroqui bajo el mando de Andrew Jackson. Tras la guerra, fundó una plantación en Tennessee dedicada al cultivo de tabaco. Construyó un almacén y puso en marcha un servicio de transbordador desde el lado cheroqui hasta el lado estadounidense del río Tennessee. La comunidad que creció alrededor de sus tierras se llamó Ross' Landing. Esta ciudad acabaría convirtiéndose en Chattanooga. También empezó a participar en la política cheroqui. En 1816, viajó a Washington, D. C., como parte de una delegación para negociar las fronteras y la invasión blanca. En 1828, fue elegido jefe principal de la Nación Cheroqui. En aquel momento, los cheroquis habían redactado una constitución, formado un consejo nacional y tribunales, y establecido una capital en Nueva Echota, en Georgia. Otros líderes cheroquis de la época eran Elias Boudinot y John Ridge.

Desde la década de 1820, los cheroquis tenían una lengua escrita y su propio periódico publicado tanto en inglés como en cheroqui. En 1830, muchos cheroquis sabían leer y escribir. Los misioneros de la nación también impartían educación cristiana en inglés. Los programas federales proporcionaron a muchos cheroquis herramientas y formación para que pudieran cultivar sus tierras del mismo modo que los blancos. Los cheroquis eran hombres de negocios, agricultores, esclavistas y comerciantes. Poseían tabernas o, como Ross, ferris. Habían demostrado ser firmes aliados de Estados Unidos durante las tres décadas anteriores.

Aun así, no era suficiente para apaciguar a sus vecinos. Los estadounidenses blancos no sabían distinguir entre nativos amistosos y enemigos. Desconfiaban de toda la raza de los nativos americanos y codiciaban sus tierras fértiles y sus cotos de caza. Muchos estadounidenses se aferraron a las historias del ataque a Fort Mims y otras acciones llevadas a cabo por los bastones rojos en la década de 1810 y creyeron erróneamente que los cheroquis estaban implicados, a pesar de que los cheroquis lucharon contra los bastones rojos bajo el mando de Jackson.

La ya tensa situación empeoró cuando se encontró oro en Dahlonega, condado de Lumpkin, Georgia, a setenta millas de Nueva Echota. Los estadounidenses, especialmente en el estado de Georgia, querían la tierra en la que se encontró el oro, y desde luego querían el oro mismo. A pesar de que el oro se encontraba en tierras cheroquis, los blancos empezaron a llegar a la región y a establecer explotaciones mineras individuales, normalmente de placer, en las que se utiliza una caja de balancín o una caja de esclusa para cribar arena en el lecho de un arroyo. La búsqueda de oro no era la razón principal por la que Georgia quería expulsar a los cheroquis de sus fronteras, pero era una de ellas.

Con esto en mente, Georgia aprobó una nueva ley en 1828 que entraría en vigor en 1830. En ella se anexionaban todas las tierras cheroquis dentro de las fronteras de Georgia, se anulaban todas las leyes cheroquis y se prohibía a cualquier persona con sangre nativa americana testificar en un juicio contra un hombre blanco. Antes de que la nueva ley entrara en vigor, el Congreso aprobó la Ley de Traslado Forzoso de Indios. Cuando se aprobó esa ley, Georgia también aprobó una ley que decía que los cheroquis no podían sacar oro de sus tierras. El gobernador Gilmer de Georgia afirmó que el estado poseía el título de propiedad de las tierras cheroquis, incluidos todos los derechos minerales. Georgia también aprobó leyes para impedir que el Consejo Tribal Cheroqui se reuniera dentro del estado. En 1831, los topógrafos entraron en el territorio cheroqui y empezaron a dividir la tierra en lotes de 160 acres y lotes de oro de 40 acres. Estos lotes se sortearon en todo el estado. Los ganadores de la lotería expulsaron de sus propiedades a destacados cheroquis como John Ross y el acaudalado Joseph Vann. Sin embargo, las tierras pertenecientes a los cheroquis favorables a la expulsión quedaron fuera de la lotería. En 1834, esto incluyó a Elias Boudinot y John Ridge.

Las reuniones del Consejo se trasladaron a Tennessee, donde muchos cheroquis se mudaron después de que Georgia les arrebatara sus tierras. John Ross se trasladó a Red Hill, donde se reunía el consejo, y Vann dejó su plantación de Georgia por la casa que ya poseía en Tennessee. Muchos misioneros permanecieron en tierras cheroquis en Georgia, lo que era técnicamente ilegal, y fueron arrestados. La mayoría de ellos se sometieron a las autoridades estatales, pero dos, Elizur Butler y Samuel Worcester, no lo hicieron y fueron condenados a cuatro años de trabajos forzados. En la sentencia del Tribunal Supremo de 1832 en el caso *Worcester contra Georgia*, el tribunal declaró que la Nación Cheroqui era soberana y que las leyes de Georgia eran nulas.

Al conocer la noticia, John Ridge pidió una audiencia personal con el presidente Jackson para determinar cómo procedería el presidente. Si Ridge tenía esperanzas en la decisión del tribunal, pronto volvió a la Tierra cuando Jackson le informó en términos inequívocos de que no haría nada para aplicar el veredicto del tribunal. Jackson dijo a Ridge que la única esperanza para su pueblo era la expulsión. Antes de esto, se cree que Ridge había estado en contra de la expulsión, pero después de esta reunión, algunos sostienen que cambió su posición. Ridge lo negó, pero Jackson informó a un amigo de que Ridge había abandonado la audiencia con evidente desesperación. Ridge había formado parte de una delegación en Washington y, antes de que la delegación regresara a casa, corrió el rumor de que los miembros de la delegación estaban considerando la destitución. Ellos negaron las acusaciones, pero Ridge recibió no mucho después una carta de la Junta Americana de Comisionados para Misiones Extranjeras en la que se le decía que la causa Cheroqui no tenía remedio, que la decisión del Tribunal Supremo era inútil y que debían firmar un tratado de expulsión.

Después de esto, se produjo una división dentro de la Nación Cheroqui. Una parte, el Partido del Tratado, que incluía a John Ridge, su hijo John y Elias Boudinot, apoyaba la idea de negociar un tratado que incluyera la expulsión. Boudinot, editor del *Cherokee Phoenix*, dimitió porque no se le permitía publicar argumentos a favor de la expulsión. John Ross y sus partidarios llegaron a ser conocidos como el Partido Nacional; estaban estrictamente en contra de cualquier forma de expulsión. En 1834, las tensiones habían crecido hasta el punto de la violencia. En agosto, John Walker, Jr. Recibió un disparo cuando regresaba a casa de una reunión del consejo, supuestamente por sus opiniones a favor de la expulsión.

En otoño de ese año, los dos bandos celebraron reuniones del consejo por separado. El Partido del Tratado redactó una resolución en la que explicaba que consideraba que la mejor opción para su pueblo era la expulsión. El Departamento de Guerra estadounidense ignoró al Partido Nacional y solo trató con el Partido del Tratado. Ross, sin embargo, persistió en su exigencia de ser escuchado por el gobierno estadounidense. Su partido se mantuvo en negociaciones hasta 1835. Mientras tanto, un emisario del Departamento de Guerra estadounidense llamado Schermerhorn propuso un nuevo consejo en Nueva Echota en diciembre de 1835. Boudinot y Ridge fueron invitados, pero le dijeron a Schermerhorn que pocos cheroquis asistirían. En octubre, la Guardia Nacional de Georgia allanó la casa de John Ross y lo arrestó. Estuvo detenido durante doce días y luego fue liberado sin dar explicaciones.

En diciembre, Ridge, Boudinot y entre 300 y 400 cheroquis llegaron a Nueva Echota. Veinte hombres cheroquis hicieron la mayor parte de las negociaciones y el 29 de diciembre de 1835 firmaron o dejaron su huella en el Tratado de Nueva Echota. En él se cedían las tierras cheroquis del este por 5 millones de dólares más el costo de la emigración y las tierras al oeste del Misisipi. Entre los firmantes estaban John Ridge, su hijo, y Elias Boudinot. El tratado fue ratificado por el Congreso en mayo de 1836. El tratado estipulaba que los cheroquis tenían dos años para abandonar sus tierras en Georgia, Tennessee, Carolina del Norte y Alabama. También estipulaba que los nativos americanos que quisieran permanecer en el este podrían convertirse en ciudadanos estadounidenses y se les asignarían 160 acres en sus tierras ancestrales, excepto en Georgia. En cuanto se supo del tratado, el Gobierno estadounidense envió tropas para vigilar y desarmar a los cheroquis en caso de que opusieran resistencia. Ross mantuvo la calma entre sus partidarios e intentó anular el tratado. Envió una petición con firmas que representaban a 16.000 cheroquis que se oponían al Tratado de Nueva Echota. El general Wool, al mando de las tropas estadounidenses, remitió las protestas al presidente Jackson, quien menospreció a Wool, diciendo que enviar esas protestas era una falta de respeto al presidente. Ya no quedaban opciones para los cheroquis. La expulsión se había convertido en una realidad.

Capítulo diez: El Sendero de las Lágrimas

Hablar del «Sendero de las Lágrimas» implica que solo hubo un sendero y quizás solo un caso. Esto da al público en general la idea de que podría haber sido accidental cuando, en realidad, hubo varios senderos a lo largo de muchos años. El gobierno estadounidense había intentado muchas veces el traslado de los nativos americanos del este a tierras del oeste, lo que a menudo implicaba una marcha mortal para un gran número de personas, que iban principalmente a pie y a duras penas, sin los suministros adecuados. Los creek, chickasaw, choctaw y seminola fueron trasladados a tierras al oeste del río Misisipi. Muchos murieron de enfermedades, agotamiento, exposición y desnutrición.

En 1837, cuando el primer grupo de cheroquis tras la firma del Tratado de Nueva Echota debía marchar hacia el oeste, el Departamento de Guerra y la Oficina de Asuntos Indios de los Estados Unidos ya habían llevado a cabo marchas de este tipo en numerosas ocasiones. Consideraban que estaban bien preparados para lo que se avecinaba; cualquier error que se hubiera cometido seguramente estaría resuelto para entonces. De hecho, ya había algunos cheroquis viviendo en el Territorio Indio cuando se firmó el infame Tratado de Nueva Echota. Tras realizar un censo, se decidió que era necesario expulsar a unos 4.000 hombres, mujeres y niños cheroquis. Sin duda era un número elevado, pero las fuerzas estadounidenses habían recibido mucha formación y experiencia real sobre los horrores de hacer marchar a civiles por terrenos abruptos. Deberían haber sabido, se podría razonar, cuánta comida, agua, mantas y otros elementos se necesitarían. Podrían haber previsto los peligros de una marcha de este tipo y haberlos planificado. Sin embargo, si ese fuera el caso, ¿cómo podemos explicar el resultado final del «Sendero de las Lágrimas»"?

El primer grupo de cheroquis que partió lo hizo el día 1 de 1837. Consistía en 600 personas del Partido del Tratado, en su mayoría lo que podría considerarse de clase media o media-alta. Llevando consigo esclavos, caballos y bueyes, siguieron una ruta desde Tennessee a través de Kentucky, Illinois, Misuri y Arkansas. No se registraron muertes en este viaje.

El mayor John Ridge y su familia, junto con dieciocho esclavos, partieron en marzo. Con ellos iban casi 500 emigrantes bajo la dirección del Dr. John S. Young. Se trataba de una operación dirigida por el gobierno. Viajaron en barcos de vapor, que transportaban botes planos, y también en tren. Se registraron cuatro muertes. Varios emigrantes estaban enfermos, pero fueron atendidos por dos médicos que viajaban con el grupo. Llegaron al cabo de unas semanas.

Elias Boudinot y un grupo emigraron a caballo y en carreta, viajando a través de Nashville. Llegaron sin ninguna muerte.

El 23 de mayo de 1838, fecha límite para el traslado, llegó y dos mil cheroquis habían partido hacia el oeste, muchos de ellos del Partido del Tratado. John Ross siguió trabajando para conseguir la anulación o revocación del Tratado de Nueva Echota, pero fue en vano. El general Wool había sido sustituido por el coronel Lindsay, que a su vez fue sustituido por el general Winfield Scott. Cuando se cumplió el plazo, Scott comenzó a dar órdenes para iniciar la destitución. No era vago. En sus órdenes, dijo a todos los comandantes que reunieran a tantos cheroquis como fuera posible y llevaran a los «prisioneros» a depósitos de emigración en lugares clave. Explicó que estas operaciones debían repetirse una y otra vez hasta que toda la Nación Cheroqui se hubiera reunido para emigrar.

Dos mil soldados estaban bajo el mando de Scott, incluidos dos regimientos de artillería. Los cheroquis fueron sacados de sus casas y campos, a veces a punta de pistola, y trasladados a la fuerza de los campamentos provisionales a los depósitos. Scott ordenó a sus tropas que cumplieran con su deber de la forma más humana posible, sin excesiva violencia. Sin embargo, los cheroquis denunciaron que los soldados irrumpían en sus casas en mitad de la cena y los obligaban a salir a punta de bayoneta. Se ordenó a los soldados que entraran en todas las cabañas y edificios en busca de prisioneros. Los cheroquis tuvieron que abandonar sus pertenencias, que fueron recogidas días después de que las familias se marcharan y metidas en carromatos sin tener en cuenta lo que procedía de cada hogar.

En junio de 1838, más de 4.000 cheroquis se habían reunido en Ross' Landing, uno de los depósitos de emigración, para ser enviados al oeste. Al primer grupo se le ordenó, a punta de pistola, que embarcara en barcos de vapor y lanchas con rumbo a Decatur, Alabama. Allí embarcaron en trenes y luego en barcos de vapor, que viajaron hacia el norte por el río Tennessee hasta Paducah, Kentucky. En los barcos, los cheroquis estaban expuestos a los elementos y, en tierra, no tenían medios para acampar, ya que no habían tenido tiempo de prepararse para su repentina partida. Muchos habían mantenido la esperanza de que el Tratado de Nueva Echota pudiera anularse; algunos incluso habían rechazado ofertas de mantas por miedo a que se tomara como una señal de aceptación del temido tratado. A algunos de los cheroquis se les proporcionaron sábanas de algodón para hacer tiendas. Un comandante los describió como en «estado de indigencia»; se trataba de un grupo de 600 personas que aún no había sufrido ninguna muerte.

Un grupo de 876 cheroquis había viajado en barco hasta Morrilton, Arkansas, pero se vieron obligados a recorrer a pie las 1.554 millas (2.500 km) restantes porque los ríos estaban demasiado bajos para llevar los barcos. Durante esta marcha murieron 73 personas y aproximadamente 208 desertaron por el camino. La mitad de otro grupo de más de mil había intentado desertar de inmediato. Se reunieron tropas para acorralar a los desertores y capturaron a todos menos a 255. Al menos 150 murieron durante esta nefasta marcha. Dos mujeres dieron a luz durante el viaje. Los cheroquis que permanecieron en los campos de emigración también se enfrentaron a condiciones terribles, ya que la enfermedad se extendió por ellos con ferocidad. El 19 de junio de 1838, el general Scott ordenó que las emigraciones se pospusieran temporalmente debido al calor y a la enfermedad que estaba matando a los cheroquis emigrantes. El Consejo Tribal envió un mensaje a Scott, pidiéndole que continuara su traslado. Scott, cuyo plan de traslado rápido y humano había resultado imposible, estuvo de acuerdo, pero dijo al consejo que debían esperar hasta septiembre. John Ross fue elegido para organizar esta auto expulsión y pidió 65,88 dólares por cada persona para proporcionar comida, refugio, otras necesidades y provisiones para su ganado. Scott accedió, aunque consideró que la petición de jabón era demasiado pródiga.

Durante el verano, cada vez más cheroquis, incluidos algunos creek, se amontonaron en campamentos temporales, la mayoría en Tennessee. Estos campamentos estaban abarrotados, aunque se ampliaron para permitir más intimidad. De vez en cuando, algunos nativos salían de los campamentos para cazar. Muchos cheroquis intentaron escapar, y muchos regresaron a sus antiguos hogares para volver a ser acorralados por las tropas. El verano avanzaba y los campamentos se trasladaban con frecuencia, posiblemente porque las fuentes de agua estaban contaminadas. En julio, Scott estaba entregando 7.217 raciones diarias. Los oficiales a las órdenes de Scott empezaron a preocuparse por el bienestar de los cheroquis. Se permitió a la gente viajar entre los campamentos para encontrar a sus familiares, se administraron vacunas para combatir las enfermedades y se establecieron grandes estaciones para facilitar la entrega de raciones. Aun así, los informes indican que numerosos casos de diarrea, disentería, sarampión y tos ferina se propagaron por los campamentos. Aunque se asignaron médicos a los campos, su trabajo era difícil porque carecían de intérpretes que los asistieran y ayudaran a administrar los medicamentos. Esto hacía que el tratamiento de los enfermos fuera un calvario que requería mucho tiempo.

Cuando por fin llegó septiembre, los cheroquis fueron trasladados a grupos de mil o menos, pero la situación era difícil. Una sequía había asolado la zona y en algunos casos hizo imposible el traslado en barco. Tardaron meses en llegar al Misisipi y, para entonces, ya había comenzado un duro invierno. Muchos ríos eran intransitables debido al hielo flotante, aunque algunos podían cruzarse porque se habían congelado. Muchos cheroquis murieron de enfermedades y desnutrición en el camino, sobre todo decenas de niños. Mientras esperaban a que el hielo flotante se despejara del Misisipi, empezó a nevar copiosamente, y sus pequeñas tiendas debieron parecerles muy exiguas en comparación con las cálidas cabañas de las que se habían visto obligados a salir varios meses antes.

Aunque estas últimas emigraciones se llevaron a cabo por designios de los propios cheroquis, dirigidos por el jefe John Ross, seguían viéndose obstaculizadas por los mandos del ejército estadounidense, que les indicaban cuándo podían desplazarse y tomaban muchas decisiones sobre los caminos que debían tomar. No tenían la opción de dar marcha atrás en ningún momento, y no podían esperar demasiado a que cambiara la estación. Tenían que avanzar a toda prisa hacia el Territorio Indio. En marzo de 1839, los cheroquis habían cruzado el río Misisipi y viajaban a través de Arkansas hacia su nueva tierra. Uno de los médicos asignados al grupo del teniente Whiteley llevó un registro del viaje a través de Arkansas. El mes de marzo estuvo lleno de informes de frío intenso y nieve. La tierra que atravesaban era estéril; el médico a veces la llamaba desierto. El 24 de marzo de 1839, los cheroquis de su destacamento fueron «entregados al gobierno» y se establecieron en sus nuevas tierras. Pasaría junio de ese año antes de que el último de los cheroquis dirigidos por el jefe Ross entrara en el Territorio Indio.

Las cifras son inciertas, pero las estimaciones indican que unos 5.000 cheroquis murieron en el Sendero de las Lágrimas. Esta cifra aumenta en varios miles si se incluye a los choctaw, creek, chickasaw y seminola, y no incluye a las tribus expulsadas del norte, como los sauk y los fox. Se cree que 3.500 de los 15.000 creek expulsados murieron en el Sendero de las Lágrimas. No es fácil comprender el impacto de estas migraciones forzadas. Las familias eran obligadas a abandonar sus hogares por soldados con rifles armados con bayonetas; si se resistían, podían ser asesinados. La historia de Tsali, de la tribu Cheroqui oriental, cuenta que una familia se defendió de los soldados y dos de ellos murieron en la refriega. Tsali era el anciano patriarca de la familia y huyeron a las montañas de Carolina del Norte. El general Scott exigió su captura. La historia varía, pero parece que Tsali, su hermano y los dos hijos mayores fueron capturados o se rindieron y fueron fusilados en el acto. Se pretendía que sus muertes sirvieran de escarmiento a cualquier cheroqui que pensara en resistirse a la expulsión.

El sendero o senderos de cada grupo fueron diferentes, algunos rápidos y sin incidentes, y otros pruebas de voluntad en las que murieron cientos de personas. El clima, las enfermedades y la fatiga parecían perseguir a los cheroquis en estos viajes. Los blancos a lo largo del camino se negaban a ayudarlos y a veces los asaltaban. A los misioneros, médicos y soldados que viajaban con los cheroquis incluso se les negó alojamiento en algunas de sus paradas simplemente porque estaban con el odiado grupo. Debieron de sentir como si el mundo conspirara para destruirlos, y es incomprensible cómo debieron de sufrir durante esos terribles meses. El hecho de que muchos sobrevivieran y sacaran lo mejor de sus nuevas y extrañas circunstancias es un mérito de sus naciones.

TERCERA PARTE:
RESISTENCIA Y OPOSICIÓN

Capítulo once: Tippecanoe y las primeras guerras Creek

Gobernador Arthur St. Clair
https://commons.wikimedia.org/wiki/File:ArthurStClairOfficialPortrait-restored.jpg

La batalla de Tippecanoe

En 1790, Arthur St. Clair tenía buenas razones para sentirse confiado. Nacido en Escocia, se había alistado en el ejército británico y había sido destinado a Norteamérica. Le gustaban tanto su nuevo hogar y sus amigos que, cuando América se rebeló, se puso del lado de los patriotas.

Se unió a la causa revolucionaria y ascendió rápidamente. Cuando el general Washington se enfrentó a los británicos en Trenton, fue St. Clair quien sugirió tomar Princeton y flanquear a los británicos. Washington apoyó a St. Clair durante el resto de la guerra y escuchó atentamente las opiniones del soldado. Con el tiempo, St. Clair llegó a general de división y, una vez ganada la guerra, fue el primer presidente del Congreso Continental. Parte del Tratado de París entre Inglaterra y los nuevos Estados Unidos estipulaba que la nueva nación era ahora propietaria de lo que se conocía como el Territorio del Noroeste, una gran extensión de tierra que acabaría convirtiéndose en Ohio, Indiana, Michigan, Illinois y Wisconsin. St. Clair fue nombrado rápidamente gobernador del Territorio del Noroeste.

El gobierno estadounidense había vendido el Territorio del Noroeste a especuladores de tierras para recuperar parte del costo de la revolución. Estos especuladores, que a menudo eran compañías de accionistas (incluido St. Clair), habían comprado la tierra con la creencia de que podrían venderla a los colonos para obtener un beneficio. Muchos estadounidenses deseaban comprar la tierra y cultivarla, obteniendo a su vez beneficios del cultivo de maíz, grano o ganado. La región de Ohio, en particular, mostraba signos de ser muy fértil y apta para la agricultura. También estaba el hermoso río Ohio, que podía llevar el tráfico hasta el Misisipi, Nueva Orleans e incluso hasta el Caribe. Lo único que impedía que esto avanzara era el «problema indio».

Cuando los estadounidenses se aventuraban en el territorio, a menudo se encontraban con la resistencia de los nativos americanos que vivían allí. La violencia estallaba en ambos bandos y convertía la zona en un lugar peligroso, mermando los colonos que St. Clair y muchos otros deseaban. Con esto en mente, St. Clair convocó una reunión en Fort Harmar en 1788 para acordar un tratado que estableciera firmemente que los nativos americanos abandonarían la región de Ohio para siempre. En la reunión había representantes de los wyandot, los lenape, los ottawa, los chippewa, los potawatomi y los sauk. Clair amenazó primero a los reunidos con que el ejército estadounidense los atacaría si no accedían. Después los sobornó con miles de dólares en regalos. Los nativos americanos firmaron el Tratado de Fort Harmar. Los problemas que surgieron se debieron en gran parte a que no todas las tribus de la zona estaban representadas; en concreto, no había nadie que representara a los miami y los shawnee.

Los nativos americanos respondieron atacando los nuevos asentamientos y fuertes construidos en virtud del tratado. El general Harmar dirigió una expedición contra los nativos americanos, que fue duramente derrotada. En 1790, St. Clair asumió el mando en persona y condujo a 1.400 hombres a las profundidades del desierto para someter y derrotar a los shawnee, los miami y sus aliados lenape. El presidente Washington había advertido a St. Clair que tuviera cuidado con los ataques por sorpresa, y debió de creer que estaba más que preparado para la batalla. Pero cuando llegó la batalla, no lo estaba. En un ataque por sorpresa, los Miami, Shawnee y Lenape consiguieron herir o matar a 900 de los hombres de St. Clair. Solo una carga de bayoneta de última hora dirigida por el propio St. Clair detuvo lo que algunos llamaron una masacre. La batalla sería recordada como «la derrota de St. Clair» y sería la peor derrota del ejército estadounidense a manos de los nativos americanos. El presidente Washington calificó a St. Clair de «peor que un asesino» y su oficina investigó el asunto. St. Clair fue absuelto, pero fue relevado de su mando. Sin embargo, siguió siendo gobernador del Territorio del Noroeste hasta que Jefferson lo destituyó. Nunca recuperó su inversión en Ohio y vivió el resto de sus días en una pequeña cabaña en el oeste de Pensilvania.

Los nativos americanos que derrotaron a las fuerzas de St. Clair aquel día de noviembre estaban liderados por Pequeña Tortuga de los Miami y Chaqueta Azul de los Shawnee. Un joven guerrero Shawnee se había perdido el combate de aquel día porque había salido a explorar o a cazar. Hacía poco que había regresado a Ohio, después de haberse trasladado primero a Missouri y luego a Tennessee. Durante su ausencia, había escuchado las enseñanzas del jefe mohawk Joseph Brant, que creía que las tierras de los nativos americanos solo debían cederse si todas las tribus estaban de acuerdo y que debían presentar un frente unificado contra la expansión estadounidense. Este joven guerrero, cuya madre podría haber sido creek y que tenía una hija con una mujer cheroqui, estaba de acuerdo con las enseñanzas de Brant. Había intentado alejarse de los asentamientos blancos, pero allá donde iba encontraba colonos blancos. Así que regresó a Ohio dispuesto a luchar. Su nombre, que significa algo así como «Estrella fugaz», nos llega como Tecumseh.

Después de la sorprendente derrota de St. Clair, Washington y el secretario de Guerra Knox reconocieron que la organización de lo que había sido el Ejército Continental necesitaba cambiar drásticamente para hacer frente a la amenaza de las fuerzas unidas de los nativos americanos en el noroeste. Su solución fue la Legión de los Estados Unidos, un nuevo ejército profesional que podría adaptarse más fácilmente a las circunstancias cambiantes del territorio de Ohio. Eligieron al general de división a «Loco» Anthony Wayne para dirigir este nuevo ejército. Wayne era un héroe de la guerra de la Independencia de Pensilvania que había demostrado ser capaz de una brillante táctica. El secretario Knox se aseguró de que Wayne tuviera suficientes soldados, cañones y suministros para someter a los nativos americanos. Wayne, aprendiendo de los errores de St. Clair, entrenó duramente a sus tropas antes de llevarlas al desierto. Durante la guerra de la Independencia, las tropas de Wayne habían sido sorprendidas por un ataque nocturno de los británicos, y Wayne estaba decidido a no volver a ser sorprendido de esa manera. Tras dos años de entrenamiento, centrado en la construcción de defensas, la puntería y el combate cuerpo a cuerpo, Wayne consideró que su legión estaba lista para luchar. La Legión viajó hacia el norte, fundando fuertes por el camino.

Los nativos americanos, liderados por Chaqueta Azul, planeaban emboscar a las fuerzas de Wayne en un claro conocido como Fallen Timbers (Árboles Caídos). Entre los guerreros estaba Tecumseh. Pero el extenso entrenamiento de Wayne había dado sus frutos. Sus exploradores le habían alertado de la emboscada y sus tropas habían atacado los escondites de los miami y los shawnee y expulsado a los guerreros. Esta vez, los nativos americanos se vieron sorprendidos. Muchos se dieron la vuelta y huyeron ante el fuego de los mosquetes de la Legión. La batalla de Fallen Timbers duró menos de una hora y resultó ser una derrota. Los nativos americanos esperaban el apoyo de los aliados británicos cercanos, pero no lo obtuvieron. Los británicos aún no estaban dispuestos a entrar en otra guerra con Estados Unidos. La derrota fue devastadora para los nativos americanos. En 1795, Wayne organizó el Tratado de Greenville, en el que Pequeña Tortuga y Chaqueta Azul acordaron ceder una gran parte del territorio de Ohio a Estados Unidos. Otro tratado, el de Fort Industry, firmado en 1805, cedió aún más territorio de Ohio a Estados Unidos. Tecumseh criticó duramente a los «jefes de paz» que habían cedido gran parte de la tierra natal de su tribu.

Tecumseh pronto se convirtió en un gran jefe y planeó una gran alianza de todos los nativos americanos para detener la expansión de los colonos blancos. Contó con la ayuda de su hermano menor. Nacido como Lalawethika, este hermano menor había sido poco hábil en la caza y la lucha y se había aficionado al alcohol. Un día cayó en trance y su familia creyó que había muerto. Cuando recobró el conocimiento, les dijo que había tenido una visión divina. El «Amo de la Vida» le había dicho que los nativos americanos debían renunciar al uso de productos blancos, volver a sus costumbres tradicionales y expulsar a los estadounidenses de sus tierras. También le dijo que ahora sería conocido como Tenskwatawa, el «Profeta». Tecumseh creyó en la visión de su hermano, y juntos fundaron Prophetstown en lo que acabaría siendo el condado de Tippecanoe, Indiana.

A principios de noviembre de 1811, el gobernador William Henry Harrison dirigió 1.000 soldados a Prophetstown para acabar con la alianza de Tecumseh. Por suerte para Harrison, Tecumseh no se encontraba en Prophetstown en ese momento. Se había aventurado hacia el sur con la esperanza de conseguir la alianza de las Cinco Tribus Civilizadas.

Solo Tenskwatawa y 500 guerreros estaban allí para defender su nueva capital. Cuando Harrison llegó, un guerrero que portaba una bandera blanca salió a pedir un alto el fuego para que Harrison y Tecumseh pudieran negociar. Harrison aceptó las condiciones, pero estaba cansado. Tecumseh había dicho a su hermano que no entrara en batalla hasta que su alianza fuera más fuerte, pero el Profeta hizo caso omiso de la advertencia. En la mañana del 7 de noviembre, Tenskwatawa rodeó a los hombres de Harrison y atacó. Fue un movimiento audaz, pero no dio resultado. La superioridad numérica y de fuego de Harrison resultó más que suficiente para derrotar al ejército de la alianza de nativos americanos. El Profeta había prometido a los guerreros que las balas estadounidenses no les harían daño, pero cuando fueron derrotados, abandonaron Tenskwatawa y Prophetstown. Esto permitió a Harrison asaltar y destruir la ciudad.

Cuando Tecumseh regresó tres meses después, su sueño ya había sido aplastado. Los cheroquis habían rechazado su oferta de alianza, y solo unos pocos creek se sintieron conmovidos por sus palabras. Las temerarias acciones de su hermano habían provocado una gran pérdida que él no pudo evitar. Esto dejó a Tecumseh con una sola opción: aliarse con los británicos, como habían hecho Pequeña Tortuga y Chaqueta Azul. La derrota en la batalla de Tippecanoe forzó la mano de Tecumseh. Cuando estalló la guerra de 1812, se encontró con que dependía de las promesas de los europeos blancos para proteger su tierra y a su pueblo de los estadounidenses blancos. Desde luego, no era lo que él había esperado.

Las primeras guerras creek

La llegada y el mensaje de Tecumseh en 1811 provocaron una división en la Nación Creek. Los bastones rojos se disputaron el control de los creek y estalló una guerra civil. Los estadounidenses se involucraron en este conflicto sureño al tiempo que luchaban contra Tecumseh y los británicos en el noroeste en la guerra de 1812. No solo eso, sino que los británicos estaban atacando la costa estadounidense e incluso tomarían Washington, D. C., y quemarían la Casa Blanca. A Estados Unidos le preocupaba que los británicos y posiblemente los españoles estuvieran armando a los bastones rojos, y este temor resultó ser cierto. Los bastones rojos fueron atacados por los estadounidenses que regresaban de Florida, controlada por los españoles. En parte como represalia, atacaron Fort Sims, donde mataron a cientos de hombres, mujeres y niños. Las acciones de los bastones rojos no fueron especialmente brutales en comparación con otros ataques de las fuerzas estadounidenses o de otros nativos americanos. Los estadounidenses habían matado a decenas de civiles, y los colonos habían hecho lo mismo antes que ellos, por no mencionar la captura y esclavización de miles de personas. Se trataba de una guerra total, con la intención de doblegar al enemigo y evitar que se expandiera por territorio nativo americano. Sin embargo, el ataque a Fort Mims se convirtió en un grito de guerra para los colonos blancos de Alabama, Georgia, Tennessee, Misisipi y las Carolinas. Golpeó directamente el miedo que muchos colonos sentían ante la amenaza que suponían los nativos americanos. En lugar de convencer a los colonos de que hicieran las paces, solo consiguió que quisieran vengar a los asesinados en Fort Mims. No parecía importarles que muchos de los muertos en la masacre fueran en parte nativos americanos.

Fue entonces cuando el general de división Andrew Jackson entró en la escena nacional para desempeñar su papel como el hombre que derrotaría a la «amenaza india». A diferencia de Anthony Wayne, Jackson no dirigía a soldados profesionales, sino a milicianos que se alistaron para luchar durante unos meses. Sabía que tenía que actuar con rapidez. Dos meses después del ataque a Fort Mims, una de las unidades de caballería de Jackson destruyó el pueblo de los bastones rojos de Tallushatchee. Jackson atacó entonces Talladega y consiguió otra victoria contra las fuerzas dirigidas por el jefe de los bastones rojos,

William Weatherford, que podría haber estado emparentado con Tecumseh. La milicia de Georgia al mando del general de brigada John Floyd atacó las ciudades de Autossee y Tallassee. A continuación, la milicia de Misisipi atacó Holy Ground con la ayuda de los cheroquis dirigidos por el jefe Pushmataha.

En enero de 1814, Jackson se dirigía hacia Tohopeka, la principal ciudad de los bastones rojos. Los bastones rojos le salieron al encuentro en Horseshoe Bend; Jackson rechazó su ataque, pero se vio obligado a retirarse. Al regresar en marzo, encontró a los bastones rojos bien fortificados. Dirigió un asalto frontal mientras parte de su caballería, aliados creek y cheroqui flanqueaban a los bastones rojos. Las fuerzas de Jackson salieron victoriosas. Muchos de los bastones rojos que sobrevivieron a la batalla huyeron a Florida, donde se unieron a los creek que ya estaban allí (los seminolas). Jackson hizo firmar a los que se quedaron el Tratado de Fort Jackson, por el que se entregaban veintitrés millones de acres de tierras creek. La guerra creek de 1813-1814 había terminado. Los creek que se aliaron con los estadounidenses recibieron el mismo trato que los bastones rojos; no se hizo ninguna distinción en la paz que siguió.

Capítulo doce: La trilogía seminola y la guerra del Halcón Negro

La primera guerra Seminola

En 1817, los seminolas eran un pueblo nativo americano distinto, en gran parte de origen creek, que vivía en el norte de Florida. Junto a ellos vivían también africanos, afroamericanos libres y esclavos afroamericanos huidos, a los que se conocía colectivamente como seminolas negros. Los seminolas y los seminolas negros se habían aliado con los británicos en la guerra de 1812. Debido a ello y a la presencia de esclavos en busca de libertad, los pueblos del norte de Florida eran objeto de constantes incursiones por parte de los blancos de Georgia, que querían capturar a los esclavos fugitivos, así como arrebatar tierras y ganado a los seminolas, a quienes consideraban enemigos. En ocasiones, estas incursiones eran llevadas a cabo por la milicia estatal y organizadas por los líderes del estado. En 1816, las tropas estadounidenses mataron a 270 personas cuando destruyeron el Fuerte Negro en la batalla de Prospect Bluff. En respuesta, los seminolas comenzaron a hacer incursiones en Georgia.

La primera guerra Seminola comenzó en 1817 cuando los soldados estadounidenses atacaron y destruyeron la ciudad seminola de Fowltown. Esto ocurrió después de la disputa entre los seminolas y el comandante de Fort Scott sobre la propiedad de la tierra y quién estaba sujeto al Tratado de Fort Jackson. Los seminolas respondieron atacando un barco en el río Apalachicola, matando a 43 personas.

El general Jackson recibió entonces el mando de las fuerzas en el sur. En 1818, entró en Florida y empezó a destruir pueblos seminolas a su paso. Tomó el fuerte español de St. Marks y luego puso la mira en la ciudad española de Pensacola. Sabía que allí había fuerzas españolas y británicas ayudando a los seminolas y seminolas negros, por lo que quería asestar un golpe decisivo que pusiera fin al conflicto. Jackson contaba con unos 4.000 hombres. En Pensacola había 100 británicos, 500 españoles y un número desconocido de guerreros seminolas. La superioridad numérica de Jackson se impuso y el gobernador español no tardó en rendirse. Los británicos también se apresuraron a abandonar la ciudad. Jackson acordó no destruir la ciudad cuando la tomara.

Esto puso fin a la primera guerra Seminola y condujo a que España cediera Florida a Estados Unidos en 1821 en virtud del Tratado Adams-Onís. En cuanto Estados Unidos se hizo con el control de Florida, empezó a exigir que los seminolas abandonaran la península y se fueran al Territorio Indio de Oklahoma. Finalmente, algunos seminolas firmaron el Tratado de Payne's Landing en 1832, por el que aceptaban su traslado. Algunos miembros de la tribu se marcharon y se fueron al lejano Territorio Indio. Sin embargo, otros seminolas se negaron a firmar el tratado y huyeron a los Everglades de Florida.

La segunda guerra Seminola

El Tratado de Payne's Landing concedió a los seminolas tres años para prepararse para la expulsión. Cuando el ejército estadounidense llegó en 1835 para hacer cumplir el tratado, muchos seminolas estaban dispuestos a luchar. La segunda guerra Seminola duró de 1835 a 1842 y fue, quizás, la guerra más feroz librada entre Estados Unidos y los nativos americanos. Fue una lección de guerra de guerrillas, ya que cuatro jefes seminolas (*micos*) con solo 3.000 guerreros se enfrentaron a cuatro generales estadounidenses que mandaban unos 30.000 soldados.

El 28 de diciembre de 1835, los seminolas al mando del mico Osceola atacaron y mataron al general Wiley Thompson frente a Fort King. El mismo día, 300 seminolas tendieron una emboscada a las tropas al mando del mayor Francis Dade. Dos años más tarde, el coronel Zachary Taylor y 1.100 soldados fueron emboscados por 400 seminolas. Veintiséis soldados estadounidenses murieron y 112 resultaron heridos en la trampa cuidadosamente planeada por los seminolas. Entre estas dos emboscadas, los seminolas hostigaron continuamente a las fuerzas del ejército estadounidense que intentaban expulsar por la fuerza a los seminolas de Florida. En el verano de 1837, Osceola fue capturado bajo una falsa bandera de tregua. Si los comandantes estadounidenses creyeron que esto pondría fin a las hostilidades, se equivocaron. Los seminolas siguieron luchando incluso después de que Osceola muriera en cautiverio en enero de 1838. En 1842, Estados Unidos había capturado a la mayoría de los seminolas y los había enviado al Territorio Indio. Las hostilidades llegaron a su fin sin la firma de un tratado.

Tercera guerra Seminola

La última guerra Seminola comenzó en 1855 y se debió principalmente a los conflictos entre blancos y seminolas por la tierra. El ejército estadounidense mantuvo patrullas en la región y también ofreció recompensas por la captura de seminolas. Esto llevó a que la población restante de seminolas en Florida no sumara más de 200 individuos en 1858 y marcaría el final de la última guerra Seminola.

Guerra del Halcón Negro

En abril de 1832, un grupo de mil nativos americanos cruzó el río Misisipi y se dirigió hacia el este, a Illinois, en dirección opuesta a la del Sendero de las Lágrimas. El grupo estaba compuesto por miembros de las tribus sauk, fox y kikapú. Los lideraba un jefe sauk de 65 años llamado Halcón Negro (Black Hawk). Este jefe había liderado a su pueblo durante cincuenta años, luchando contra sus numerosos enemigos, incluidos los estadounidenses. Sin embargo, en su vejez, Halcón Negro no buscaba la guerra cuando condujo a su pueblo hacia el norte de Illinois, pasando por los restos en ruinas de la otrora gran aldea sauk de Saukenuk, que por entonces albergaba a unos pocos colonos blancos. Halcón Negro buscaba algo parecido a un retiro, pero no fue así. La presencia del grupo de Halcón Negro causó gran inquietud entre los colonos blancos de la zona. El grupo pronto fue perseguido por el ejército estadounidense y la milicia de Illinois, así como por guerreros sioux y menomini.

La banda de Halcón Negro se dirigía hacia Prophetstown, Illinois. Este era el pueblo de uno de los consejeros de Halcón Negro, Nube Blanca (White Cloud), también conocido como el Profeta Winnebago. Nube Blanca le había dicho a Halcón Negro que los británicos se aliarían con él contra los estadounidenses. Viendo que su situación era insostenible, la banda de Halcón Negro dio media vuelta e intentó volver a cruzar el Misisipi, pero un enfrentamiento con un grupo de milicianos obstaculizó su retirada. Lo que siguió fue una serie de escaramuzas entre los nativos americanos y pequeños grupos del ejército o la milicia. Finalmente, el 21 de julio, los perseguidores alcanzaron a Halcón Negro en la batalla de Wisconsin Heights. Esta sería la batalla principal de esta efímera guerra. Ocurrió cerca de lo que hoy es Sauk City, Wisconsin.

Había alrededor de 700 milicianos bajo el mando del coronel Henry Dodge, junto con nativos americanos aliados. La banda de Halcón Negro no tenía ni de lejos tantos guerreros y contaba con muchas mujeres y niños. Aun así, los guerreros fueron capaces de defenderse de la milicia el tiempo suficiente para permitir que la mayoría de los Sauk y Fox escaparan. La milicia los alcanzó el 1 de agosto en la desembocadura del río Bad Axe, mientras la banda intentaba cruzar el Misisipi.

Siguieron dos días de batalla, y los historiadores se refieren al acontecimiento como la masacre de Bad Axe por la brutal victoria que los estadounidenses infligieron a la gente de Black Hawk. Fue la batalla final de la guerra del Halcón Negro y aseguró que Illinois quedara libre de nativos americanos. Halcón Negro y Nube Blanca se rindieron al teniente Jefferson Davis.

Como prisioneros, Halcón Negro, Nube Blanca y otros líderes fueron finalmente llevados al este por orden del presidente Jackson, con la esperanza de impresionarlos con el poder de Estados Unidos. Fueron llevados en barco de vapor y ferrocarril por todo el país y recibidos por grandes multitudes. En la costa este, los estadounidenses parecían más bien curiosos, pero en lugares como Detroit, los líderes sauk y fox fueron recibidos con amenazas de violencia. Halcón Negro fue devuelto a su pueblo y vivió con los sauk en lo que se convertiría en Iowa durante el resto de sus días. Murió en 1838 de una larga enfermedad. Sus restos fueron robados menos de un año después de su muerte, pero fueron recuperados por su hijo con la ayuda del gobernador Robert Lucas del Territorio de Iowa. El esqueleto se expuso entonces en el edificio de la Sociedad Histórica de Burlington. Cuando el edificio se incendió, los restos de Halcón Negro fueron destruidos.

Capítulo trece: La masacre de Sand Creek y la guerra de Nube Roja

Masacre de Sand Creek

En el verano de 1864, el gobernador del Territorio de Colorado envió una proclama para que los nativos americanos «amigos» de los cheyene y arapajó se presentaran en Fort Lyon, en la parte sureste del territorio. Los nativos americanos debían acudir al fuerte en busca de suministros y seguridad, pero esta proclamación entraba en conflicto directo con otra anterior que establecía que cualquier nativo americano que se acercara a un fuerte en Colorado debía ser considerado hostil y fusilado. Obviamente, esto causó consternación a los cheyene y arapajó, por lo que sus jefes, entre ellos Caldera Negra (Black Kettle) y Oso Pequeño (Little Bear), reunieron a 750 personas en un campamento cerca de Fort Lyon. Caldera Negra intentó hacer las paces con el gobernador John Evans y el coronel John Chivington, que se encontraba en Fort Lyon. El campamento de Caldera Negra estaba formado en su mayoría por mujeres, niños y ancianos. Permanecieron cerca de Fort Lyon de acuerdo con las órdenes del ejército estadounidense.

Uno de los oficiales de Fort Lyon era el capitán Silas S. Soule, un duro caballero abolicionista originario de Maine. Soule se había trasladado a Kansas y luego a Colorado, alistándose en el ejército cuando estalló la guerra de Secesión. Luchó con el Primer Regimiento de Voluntarios de Colorado en la victoria de la Unión en el paso de Glorieta, en Nuevo México. El 1er Regimiento estaba entonces destinado en todo el territorio de Colorado. Chivington había ascendido a Soule a capitán y lo había destinado a Fort Lyon.

Según una carta que Soule escribiría más tarde sobre el incidente, Chivington y el 3º Regimiento llegaron, arrestaron a dos oficiales en el fuerte y declararon sus intenciones de matar a toda la partida de cheyene y arapajó acampados cerca del fuerte. Soule quedó conmocionado. Estos nativos americanos eran pacíficos y amistosos y casi no tenían guerreros entre ellos; el campamento estaba compuesto por aquellos que no podían luchar. Soule dijo a quien quisiera escucharle que sería un acto cobarde. Sus palabras fueron devueltas a Chivington, y algunos expresaron el deseo de que Soule fuera ahorcado por su insubordinación.

El 29 de noviembre de 1864, elementos de los Regimientos 1º y 3º se acercaron al campamento de la gente de Caldera Negra. El capitán Soule estaba entre ellos, pero había ordenado a su unidad no disparar ni entablar combate a menos que se vieran obligados. Sin embargo, bajo la dirección del coronel Chivington, varias unidades formaron un círculo alrededor del campamento y abrieron fuego, incluyendo fuego de artillería. Soule quedó horrorizado por lo que presenció. Mujeres y niños salieron corriendo pidiendo clemencia y fueron fusilados sin provocación. Algunos hombres cogieron arcos y rifles e intentaron defenderse, pero fue inútil. Soule lo describió como una «masacre». La compañía de Soule fue la única que mantuvo la formación y no disparó un tiro.

Los demás soldados se descontrolaron y empezaron a matar despiadadamente y a mutilar los cadáveres. La descripción de Soule es excepcionalmente gráfica. Arrancaron el cuero cabelludo a muchos cadáveres y cortaron partes del cuerpo para recuperar joyas o como recuerdo. Esta violencia continuó durante seis u ocho horas. El capitán Soule se limitó a permanecer en silencio como testigo de los acontecimientos. Se sintió aliviado al ver que muchos de los miembros de la tribu pudieron escapar al campamento cheyene del río Smoky Hill. El número total de nativos americanos muertos no estaba claro. Chivington afirmó que murieron entre 500 y 600, mientras que otros dijeron que fueron cerda de 140. Solo murieron veinticuatro soldados estadounidenses, y se cree que muchos de ellos se debieron a fuego amigo. Ocho líderes cheyene murieron en la masacre.

Muchos cheyene y arapajó estaban convencidos por sociedades guerreras militantes, como los *Dog Soldiers*, de que buscar la paz con los blancos era una locura. Caldera Negra, que sobrevivió a la masacre, siguió abogando por la paz, pero los *Dog Soldiers* se encargaron de tomar represalias y vengar los asesinatos de Sand Creek. Siguieron una serie de incursiones y ataques en Julesburg, Colorado, y sus alrededores. A continuación se dirigieron a las Colinas Negras.

Se llevaron a cabo investigaciones sobre las acciones del 29 de noviembre, dos por los militares y una por el Comité Conjunto sobre la Conducción de la Guerra. El capitán Soule testificó contra Chivington, y el panel declaró que Chivington había actuado de una manera deplorable, impropia de un oficial del Ejército de los Estados Unidos. Soule no fue el único testigo: el teniente James Cannon se hizo eco de los relatos de Soule con su testimonio ocular de las atrocidades cometidas por los soldados y oficiales en Sand Creek. Chivington no fue castigado por su papel, sino que dimitió del ejército poco después de la masacre. Después, vagó por todo el país, incumpliendo a menudo sus deudas y seduciendo infamemente a su nuera. Murió en 1894, en consonancia con su creencia de que sus acciones estaban justificadas en Sand Creek. El capitán Silas Soule no vivió tanto. En abril de 1865, pocos meses después de testificar contra Chivington, Soule fue asesinado mientras actuaba como alguacil preboste en Denver. Le dispararon y murió antes de que pudiera llegar la ayuda. Uno de sus asesinos era conocido y fue llevado ante la justicia, pero pudo evitar un juicio y luego huyó de Colorado.

La guerra de Nube Roja

Nube Roja
https://commons.wikimedia.org/wiki/File:Red_Cloud,_1905,_Felix_Flying_Hawk.jpg

Los supervivientes de la masacre de Sand Creek se dirigieron a la cuenca del río Powder, en la zona de las Colinas Negras. A través de esta zona, los blancos habían establecido un sendero que conducía desde el este hasta los campos de oro del sur de Montana; se llamaba el sendero Bozeman en honor al hombre de frontera John Bozeman. En 1865, los cheyene, los oglala lakota y los arapajó establecieron grandes campamentos a lo largo de los ríos Powder y Tongue, en el norte del territorio de Wyoming. No les gustaba que los blancos viajaran por sus tierras. Así que, el 26 de julio de 1865, un grupo atacó Platte Bridge Station, matando a veintiséis hombres.

En respuesta a las crecientes tensiones y a este ataque, el Departamento de Guerra estadounidense envió al coronel Henry B. Carrington con 700 soldados para someter a los nativos americanos de la zona del río Powder. Esto enfureció a muchos nativos americanos, incluido el líder oglala Nube Roja (Red Cloud), al que se unieron guerreros cheyene y arapajó para lanzar una serie de ataques y escaramuzas conocida como la guerra de Nube Roja. Este y otro líder sioux, Caballo Loco, lideraron a los guerreros lakota, que atraparon y mataron a ochenta soldados estadounidenses. En el verano de 1867, Nube Roja y Caballo Loco atacaron una partida de leñadores con protección armada cerca de Fort Phil Kearney. Sin embargo, no se trató de una masacre. El grupo construyó rápidamente fortificaciones con cajas y utilizó sus nuevos rifles Springfield-Allen de carga por culata, que podían cargarse mucho más rápido que cualquier arma que tuvieran los nativos americanos. Solo murieron cuatro soldados estadounidenses, mientras que los nativos americanos contaron seis muertos.

Al mismo tiempo, el Departamento del Interior estadounidense intentaba entablar conversaciones de paz en esa región. En un principio, el gobierno estadounidense había dicho que solo quería un paso seguro por el camino de Bozeman y la paz en los fuertes que habían construido a lo largo del camino. Pero las cosas se complicaron cuando la Union Pacific Railroad quiso construir líneas de ferrocarril por la zona y esperaba que sus trabajadores estuvieran protegidos por el ejército estadounidense. Nube Roja quería que los blancos abandonaran el camino de Bozeman y los fuertes del territorio lakota.

El gobierno estadounidense estaba dispuesto a negociar. Al final de la guerra de Secesión, el ejército estadounidense se había reducido drásticamente. Estaba repartido por un territorio mucho mayor y se le exigía que protegiera el derecho de voto de los negros en las urnas.

Además, con la finalización de la línea Union Pacific, el camino de Bozeman había quedado obsoleto. Los mineros y buscadores de oro podían simplemente tomar el ferrocarril a través de las tierras en disputa, y ya no había necesidad de mantener fuertes en la zona. (Los nativos americanos no estaban interesados en destruir las vías férreas en aquel momento.) El gobierno accedió a las demandas de Nube Roja, y Nube Roja aceptó cumplir los acuerdos del Tratado de Fort Laramie de 1868.

Estados Unidos creó una nueva agencia india llamada Red Cloud Agency. La agencia se trasladaría y acabaría convirtiéndose en una reserva. Tras un viaje a Washington en 1870, Nube Roja vio confirmados muchos de sus temores al ver la tecnología y el número de europeos-americanos. Aceptó llevarse a su gente a la reserva sioux, pero siguió luchando por su pueblo. Cuando se encontró oro en las sagradas Colinas Negras, luchó para mantener a los mineros blancos fuera de la zona. No participó en la guerra Sioux de 1876-1877, dirigida por su colega Caballo Loco y otro líder lakota llamado Toro Sentado. Nube Roja murió en 1909, sobreviviendo a muchos de aquellos con los que luchó y contra los que luchó.

Capítulo catorce: La batalla de Little Bighorn y Wounded Knee

La batalla de Little Bighorn

George Armstrong Custer nació en 1839 en Ohio. Después de asistir a la escuela normal, solicitó entrar en West Point y fue aceptado. Se graduó el último de su promoción de 34 en 1861 y eligió su mando en la caballería. Si su último puesto en West Point le causó alguna preocupación, no hay pruebas de ello. Justo cuando ingresó en el ejército estadounidense, comenzó la guerra de Secesión, y rápidamente se mostró enérgico y ambicioso. En poco tiempo fue ascendido a general de brigada de voluntarios y condujo a la Brigada de Caballería de Michigan a numerosas victorias. Se hizo un nombre liderando desde el frente, como los comandantes de la antigüedad, poniéndose en el mismo peligro que pedía a sus hombres. Lo adoraban por ello. Se hizo famoso por su habilidad para evitar heridas graves; algunos lo llamaban la «suerte de Custer». Llegó a alcanzar el grado de general de división.

Cuando terminó la guerra de Secesión, el ejército de voluntarios fue desmovilizado, y Custer asumió su rango original de capitán. En 1866, se convirtió en teniente coronel del 7º Regimiento de Caballería. Participó en escaramuzas con nativos americanos, por las que fue juzgado en consejo de guerra. También fue declarado culpable de ausencia del mando sin permiso, conducta perjudicial para la disciplina militar y de ordenar el fusilamiento de desertores sin juicio previo. Una vez más, no se sabe si estos delitos le preocupaban seriamente. No preocuparon demasiado a sus superiores, que lo hicieron reincorporarse tras un breve intervalo.

Jefe Toro Sentado de los Lakota
https://en.wikipedia.org/wiki/File:Sitting_Bull_by_D_F_Barry_ca_1883_Dakota_Territory.jpg

Custer comenzó de nuevo a luchar en la zona de Yellowstone con lakotas y cheyene. Esta fue la primera, pero no la última vez que se enfrentaría a guerreros liderados por Toro Sentado, Caballo Loco y el Jefe Gall. A su regimiento se le encargó proteger a un equipo de topógrafos del ferrocarril Northern Pacific. A continuación, el 7º fue llamado para localizar un lugar adecuado para un fuerte en la región de las Colinas Negras. Custer llevó a dos mineros a la expedición, y estos verificaron los rumores de que, de hecho, había yacimientos de oro en la zona de las Colinas Negras. Rápidamente se corrió la voz del descubrimiento. El gobierno de EE. UU. empezó a interesarse por desalojar a los nativos americanos de las Colinas Negras y reubicarlos en reservas del Territorio Indio.

En 1875, el comisionado de Asuntos Indios hizo saber que todos los lakota y cheyene debían abandonar las Colinas Negras e ir a la Reserva de los Grandes Sioux antes del 31 de enero de 1876, o serían considerados «hostiles». Los lakota y los cheyene ignoraron la amenaza. Así que, en 1876, el general Philip Sheridan desarrolló una estrategia para obligarlos a ir a la reserva. El coronel John Gibbon, con 450 hombres, abandonaría Fort Ellis en marzo, al igual que el general George Crook, con 1.000 hombres de Fort Fetterman. Además, el general Alfred Terry tomaría 879 hombres y marcharía desde Fort Abraham Lincoln; gran parte de este contingente era el 7º de Caballería dirigido por el Tte. Cnel. George Custer. La idea era que una de estas fuerzas se enfrentara a lo que se creía que eran entre 800 y 1.500 guerreros. No sabían que todos los lakotas y cheyene de la zona se habían reunido para la caza de primavera y la Danza del Sol de principios de verano. Mientras estaban reunidos en su poblado temporal, el jefe Toro Sentado tuvo una visión de soldados que caían de cabeza en el poblado. Creyó que era una señal de una gran victoria por venir.

El 22 de junio, el general Alfred Terry envió a Custer y al 7º ejército a realizar un movimiento de flanqueo desde el sur y el este de donde creían que se encontraban los nativos americanos. Custer sería el martillo, mientras que Terry encabezaría el yunque que detendría la huida del enemigo. El 24 de junio, exploradores crow y arikara informaron a Custer de la existencia de un poblado en el río Little Bighorn. Custer avanzó hacia el lugar, y el 25 de junio se encontraba a salvo en las Montañas del Lobo, esperando el momento oportuno para atacar. Sin embargo, los exploradores no tardaron en comunicarle que el poblado había descubierto su presencia. En la aldea se habló mucho de que había soldados escondidos en las Montañas del Lobo, pero muchos hicieron caso omiso de ello porque no podían imaginar que los soldados los atacaran cuando estaban reunidos en tan gran número. Había unas 8.000 personas en la aldea, con hasta 2.500 guerreros.

Custer, temiendo que se hubiera perdido el factor sorpresa, ordenó a sus hombres que avanzaran. Dividió su regimiento en cuatro grupos: la caravana, un grupo al mando del capitán Frederick Benteen, otro al mando del mayor Marcus Reno y los últimos 210 hombres al mando de Custer. Cada uno de ellos se acercó al poblado e inmediatamente encontraron una fuerte resistencia. Aunque los guerreros se vieron momentáneamente sorprendidos, se recuperaron rápidamente y abrieron fuego contra las diversas pequeñas bandas de caballería. Los hombres fueron atrapados en zanjas, rodeados por lakotas y cheyene, y acribillados a balazos. El destino de Custer nunca se conocerá del todo, pero los arqueólogos han reconstruido los últimos momentos de su mando. Al final, las rápidas acciones de los guerreros, la superioridad numérica y la potencia de fuego se impusieron. De los 210 hombres bajo el mando de Custer, ninguno sobrevivió. Otros escaparon y fueron trastabillando al encuentro del general Terry, que sería el primero en descubrir las consecuencias de la batalla de Little Bighorn.

Fue una victoria gloriosa para los lakotas y los cheyene, pero, como suele ocurrir, duró poco. «La última batalla de Custer» se convirtió en un grito de guerra en todo Estados Unidos, que animó al ejército a invertir más hombres y armas para eliminar a los nativos americanos. Un año después de la batalla, todos los «hostiles» se habían rendido y trasladado a la Reserva Sioux, y el gobierno estadounidense había tomado las Colinas Negras sin ninguna compensación ni tratado con los lakota o los cheyene.

Wounded Knee

La Danza de los espíritus, que mezclaba ideas mesiánicas cristianas con creencias nativas tradicionales, comenzó con una visión de un nativo americano paiute llamado Wovoka. Predijo que un mesías vendría a salvar a los nativos americanos, los europeos-americanos desaparecerían del continente norteamericano, la gran cantidad de bisontes volvería a las llanuras, y los vivos y los muertos se reunirían. Todo esto sucedería siempre y cuando los nativos americanos volvieran a sus costumbres tradicionales y realizaran correctamente la Danza de los espíritus. Esta creencia se extendió por las comunidades nativas americanas, llegando a la reserva de Pine Ridge, en Dakota del Sur, en 1890.

Daniel F. Royer se había convertido recientemente en el agente de Pine Ridge. Royer era una elección interesante porque temía profundamente a los nativos americanos y estaba convencido de que masacrarían a todos los blancos de Pine Ridge en cualquier momento. Royer se preocupó aún más cuando la Danza de los espíritus llegó a la reserva. Creía que los oglala lakota que interpretaban la Danza de los espíritus estaban bailando una danza de guerra que indicaba un posible derramamiento de sangre. Envió muchos informes angustiosos a Washington, D. C., pidiendo ayuda. En noviembre de 1890, el presidente Benjamin Harrison envió tropas a la zona. Los periodistas que viajaron con los soldados describieron la acción como un intento de abordar la crisis de Pine Ridge. Sin embargo, cuando los soldados y los reporteros llegaron, no había ninguna crisis real. Los nativos americanos parecían pacíficos y se limitaban a realizar la Danza de los espíritus sin ningún signo de agresión hacia los blancos.

Aun así, los rumores empezaron a correr y la prensa se hizo eco de cualquier información que pudiera echar más leña al fuego. Como Royer seguía preocupado por un ataque y la prensa aumentaba la tensión, la situación se convirtió rápidamente en una crisis sin fundamento. Royer prohibió la Danza de los espíritus en Pine Ridge, y los lakota volvieron a ser clasificados como «hostiles» o «amistosos». Todos los danzantes de los espíritus fueron juzgados como hostiles, por lo que se los trató con dureza. Entonces, el 15 de diciembre, el danzante de los espíritus y jefe lakota Toro Sentado fue asesinado por un policía de la agencia india mientras estaba siendo arrestado por cargos imprecisos. El asesinato de Toro Sentado conmocionó a todas las reservas, especialmente a las lakotas. Una de ellas fue la reserva del río Cheyene. Allí los Miniconjou Lakota, liderados por Pie Grande (Big Foot), se estaban poniendo muy nerviosos por su seguridad. A los militares les preocupaba que Pie Grande sacara a su gente de la reserva.

Los líderes militares pidieron a un hombre llamado John Dunn que le dijera a Pie Grande que su gente debía permanecer en la reserva. Por razones desconocidas, Dunn dijo a los miniconjou que los militares iban a detener a los hombres de su tribu y deportarlos a una isla del océano Atlántico. Así que, sugirió, deberían marcharse e ir a la reserva de Pine Ridge. El 23 de diciembre, Pie Grande siguió el consejo de Dunn y condujo a su gente fuera de la Reserva del Río Cheyene por la noche hacia las Badlands. El ejército estadounidense, principalmente el 7º Regimiento de Caballería, los persiguió durante cinco días. Finalmente, el 28 de diciembre, alcanzaron a la banda de Pie Grande y la confinaron en un campamento cerca de Wounded Knee Creek.

Al día siguiente, el coronel James Forsyth les dijo que tenían que entregar sus armas de fuego y trasladarse a un nuevo campamento. Los miniconjou entendieron que iban a ser trasladados al Territorio Indio, lejos de sus hogares ancestrales, lo que les pareció inaceptable. Algunos empezaron a interpretar la Danza de los espíritus, que los soldados consideraron amenazadora. Un lakota llamado Coyote Negro se negó a entregar su arma. Un soldado intentó arrebatársela y el arma se disparó. Los soldados allí reunidos empezaron inmediatamente a disparar contra la multitud lakota; pronto, esto incluyó cañones con balas explosivas. Los miniconjou intentaron huir, pero fueron abatidos. Algunos pudieron alcanzar sus armas y devolver el fuego, pero los soldados los acribillaron. Se encontraron cadáveres a más de cinco kilómetros del campamento.

Secuelas de la masacre de Wounded Knee
https://en.wikipedia.org/wiki/File:Wounded_Knee_aftermath5.jpg

Cuando el polvo se asentó, veinticinco soldados habían muerto, mientras que entre 250 y 300 hombres, mujeres y niños lakota habían sido asesinados. Los periódicos la llamaron la batalla de Wounded Knee, pero hoy en día ha sido debidamente reconocida como una masacre. El coronel Forsythe fue investigado, pero finalmente declarado inocente. El secretario de Guerra de la época, Redfield Proctor, llegó a la conclusión de que creía que muchas de las mujeres y niños lakota habían sido asesinados, en un principio, por los guerreros lakota. Para los nativos americanos, especialmente los de ascendencia lakota, la masacre de Wounded Knee llegó a simbolizar el desprecio del gobierno estadounidense por sus vidas. Desde los primeros días de la formación del país, el ejército y los políticos estadounidenses habían dicho a los nativos americanos que protegerían a las tribus mientras fueran pacíficas. Aquí había un grupo de nativos americanos a los que se había mentido, asustado, confundido, tratando de encontrar seguridad, que habían sido acosados y luego asesinados a tiros sin razón aparente. No estaban cometiendo ningún delito, ni actuaban de forma hostil o amenazadora, y sin embargo fueron tratados como criminales y asesinados sin provocación alguna. Sin duda, Wounded Knee permanecerá siempre en la mente de los nativos americanos, no solo como una tragedia, sino como una advertencia.

CUARTA PARTE:
¿LIBERTAD A QUÉ PRECIO?

Capítulo quince: Los libertos de las Cinco Tribus

Los nativos americanos practicaban una forma de esclavitud antes de la llegada de los colonos europeos. En Norteamérica, los esclavos solían ser hombres y mujeres de tribus o pueblos enemigos capturados durante la guerra. Estos esclavos solían ser adoptados por la tribu y con el tiempo se les concedía la libertad. Desde luego, no se les consideraba una propiedad. Sin embargo, a finales del siglo XVIII, cuando británicos y estadounidenses se relacionaron con las tribus del sudeste, los nativos americanos conocieron la esclavitud. Al principio, ellos mismos eran tomados como esclavos o capturaban a personas de otras tribus y las intercambiaban por bienes. Con el tiempo, sin embargo, para asimilarse a los estadounidenses blancos, los habitantes de las Cinco Tribus Civilizadas adoptaron la práctica de poseer esclavos negros del mismo modo que los propietarios de plantaciones blancos. Uno de los factores que hacían «civilizados» a los cheroquis, chickasaw, choctaw, Muscogui creek y seminolas era que practicaban la esclavitud mobiliaria. Sin embargo, en las décadas de 1830 y 1840, esto no era suficiente para que los estadounidenses consideraran a los nativos americanos como iguales. Así, ellos y sus esclavos fueron obligados a emprender el Sendero de las Lágrimas hacia el Territorio Indio, al oeste de Arkansas. La esclavitud continuó en las reservas hasta la guerra de Secesión.

Como ya se ha comentado, algunos líderes nativos americanos deseaban permanecer neutrales durante la guerra de Secesión, pero los ricos esclavistas de las reservas presionaron para que las cinco tribus apoyaran a la Confederación, en gran parte porque temían que una victoria de la Unión significara el fin de la esclavitud. Algunos nativos americanos favorecieron al Sur porque los diplomáticos confederados prometieron un mayor respeto por los derechos de los nativos americanos. En octubre de 1861, las cinco tribus habían firmado tratados con la Confederación. Aun así, muchas personas de las cinco tribus apoyaban a la Unión. Algunos de ellos eran antiesclavistas, mientras que a otros les enfurecía la coacción que parecía haber detrás de los tratados firmados con el Sur. Entre los cheroqui existía la Sociedad Keetoowah, una organización abolicionista secreta. Los muscogui y los seminola permitían a los esclavos fugados, también conocidos como buscadores de la libertad, permanecer en sus reservas. Los que estaban del lado de la Unión solían huir de las reservas. Las unidades de nativos americanos de ambos bandos lucharon por el control del Territorio Indio durante el transcurso de la guerra. Finalmente, el 23 de junio de 1865, el general de brigada cheroqui Stand Waite se rindió a las fuerzas de la Unión; fue el último general confederado que se rindió en toda la guerra.

Curiosamente, los cheroquis ya habían liberado a sus esclavos de acuerdo con la Proclamación de Emancipación del presidente Lincoln de 1863. Tras el final de la guerra de Secesión, el gobierno estadounidense declaró nulos todos los tratados con las cinco tribus. En 1866, se estableció un nuevo conjunto de tratados para cada una de las tribus. La característica principal de todos los tratados era la abolición de la esclavitud en el Territorio Indio. Esto liberó aproximadamente a 7.000 personas esclavizadas. Correspondía a las tribus decidir cómo incorporarían a estos libertos. Los muscogui creek y los seminola otorgaron inmediatamente a los libertos de sus reservas ciudadanía y privilegios plenos. Los esclavos del territorio Cheroqui solo tenían derecho a la plena ciudadanía si vivían en la reserva cuando se firmó el tratado. Si se habían marchado, como muchos de ellos debido a los combates, debían regresar en los seis meses siguientes a la firma del tratado para poder optar a ella. Muchos antiguos esclavos que habían huido del territorio Cheroqui regresaron demasiado tarde y no obtuvieron sus derechos de ciudadanía. El resultado fue que muchas familias tenían miembros ciudadanos y otros que eran considerados «intrusos» y no podían votar. Los cheroquis pidieron ayuda al gobierno federal para expulsar a estos «intrusos».

Los choctaw y los chickasaw promulgaron «Códigos Negros» que determinaban los salarios de los antiguos esclavos y obligaban a los libertos a conseguir trabajo o ir a la cárcel. No permitían regresar a ningún esclavo que abandonara su territorio, y los esclavos liberados seguían sin tener derecho a votar ni a ocupar cargos públicos, a pesar de que los tratados de 1866 exigían que se les concedieran esos derechos. Los choctaw y los chickasaw recurrieron a la violencia para expulsar de su territorio a los esclavos liberados. Gran parte de la tensión se centró en el distrito arrendado, parte de las tierras choctaw y chickasaw entre los meridianos 98 y 100 y los ríos Canadian y Red, en Oklahoma. En 1855, el gobierno estadounidense arrendó estas tierras a los choctaw y los chickasaw por 800.000 dólares para que sirvieran de hogar a la tribu wichita y a otras tribus. Sin embargo, debido a que apoyaban a la Confederación, los choctaw y los chickasaw solo recibieron 300.000 dólares por estas tierras. El tratado de 1866 daba a las tribus la opción de adoptar a los libertos en su territorio y recibir 300.000 dólares o que los ex esclavos recibieran el dinero después de haber sido expulsados del Territorio Indio. La mayoría de los choctaw y los chickasaw parecen haberse mostrado a favor de la expulsión de los ex esclavos, pero sus peticiones fueron ignoradas por EE. UU. En el territorio choctaw, los libertos no se convirtieron en ciudadanos hasta 1883 y se los disuadió de votar y se les prohibió ocupar cargos públicos. Finalmente, los choctaw recibieron 52.000 dólares por su parte del distrito arrendado. Los chickasaw, sin embargo, nunca concedieron derechos de ciudadanía a sus libertos.

En el censo de 1870, 68.152 personas vivían en el Territorio Indio. De esa cifra, 6.378 eran afroamericanos, la mayoría ex esclavos y sus descendientes. Culturalmente, los libertos del Territorio Indio estaban estrechamente vinculados a las culturas nativas americanas de las que procedían. Hablaban lenguas nativas americanas y comían comida nativa americana. Sin embargo, la mayoría de los libertos también hablaban inglés, lo que los diferenciaba de otros nativos americanos.

A excepción de la violencia de 1866 entre los choctaw y los chickasaw, los libertos del Territorio Indio no sufrieron la violencia y el odio que sus homólogos padecieron en el sur de Estados Unidos. En la nación Cheroqui, los libertos tenían derecho a voto. En las naciones creek y seminola, los libertos gozaban de plena representación política. La situación en las naciones creek y seminola animó a otros libertos a emigrar a su territorio para obtener los mismos beneficios.

Los libertos solían recibir ciertas protecciones y ayudas. Se les daban asignaciones para cultivar, y no hay indicios de que se los escogiera para quedarse con las tierras de menor producción. Los creek y los seminolas dieron a los libertos lotes fluviales perfectos para cultivar algodón. Muchos libertos cheroquis, como los de las tierras creek y seminola, se convirtieron en prósperos empresarios con negocios en expansión.

Con el tiempo, se descubrió petróleo en la Nación Cheroqui y, en 1890, los nativos americanos eran minoría en su propia tierra. De los 178.097 habitantes del territorio de Oklahoma, unos 50.000 eran nativos americanos, 18.000 afroamericanos y casi 110.000 blancos.

La mayoría de los afroamericanos procedían de otros estados y no eran descendientes de nativos americanos libertos. Esto cambió enormemente las relaciones raciales en el Territorio Indio. A muchos de los libertos nativos americanos no les gustaba la nueva afluencia de afroamericanos, a los que llamaban «negros del estado». El aumento de afroamericanos en Territorio Indio provocó una fuerte reacción por parte de los nativos americanos. En 1891, los choctaw aprobaron una ley por la que cualquiera que empleara sirvientes afroamericanos sería multado con 50 dólares e intentaron expulsar a todos los afroamericanos de sus tierras. Incluso los creek, conocidos por su actitud liberal hacia la raza, recibieron protestas cuando se estacionaron tropas afroamericanas en su territorio. El agente indio de 1898 informó de que los creek no venderían ni alquilarían tierras a ningún afroamericano e intentaban activamente expulsarlos de sus tierras.

En 1893 llegó la Comisión Dawes, cuyo objetivo era poner fin a los acuerdos separados con las Cinco Tribus Civilizadas y conceder asignaciones individuales, de 160 acres, a cada miembro de las tribus. En 1896, se ordenó a la comisión que creara listas de todos los ciudadanos, nativos americanos y libres, de cada tribu. A partir de ellos, el gobierno estadounidense determinaría la ciudadanía de los nativos americanos y repartiría las tierras en consecuencia. Ya no se permitía a las tribus determinar quién era miembro y quién no. Con las listas de Dawes, los libertos fueron finalmente reconocidos como ciudadanos en la tribu chickasaw y representaban el 36% de la tribu. Muchos nativos americanos estaban, comprensiblemente, amargados por la situación. Pensaban que muchos forasteros presentaban pruebas falsas para entrar en las listas, especialmente los libertos. En realidad, algunos afroamericanos fueron convencidos por especuladores de tierras para que presentaran reclamaciones dudosas. Una vez aprobada la solicitud, los especuladores compraban las tierras a bajo precio.

En 1907, el Territorio Indio y el Territorio de Oklahoma se unieron e ingresaron en la Unión como estado de Oklahoma. Las promesas de soberanía y cualquier pequeña reivindicación de autonomía de 1830 fueron oficialmente retiradas. La gran mayoría de la población de Oklahoma era blanca. Se instituyó la segregación, reconociendo a los nativos americanos como blancos. Los afroamericanos no tenían derecho a voto. El territorio antes controlado por los nativos americanos y refugio de los afroamericanos estaba ahora controlado por la supremacía blanca. Aunque los nativos americanos eran considerados blancos para determinadas leyes, no eran aceptados como iguales en las comunidades blancas.

Capítulo dieciséis: Legado e historiografía

Bandera del Movimiento Indio Americano
Tripodero, CC0, vía Wikimedia Commons;
https://commons.wikimedia.org/wiki/File:Flag_of_the_American_Indian_Movement_V2.svg

Gran parte de la historia de los indígenas estadounidenses, incluidas las Cinco Tribus, desde 1907 hasta la actualidad ha sido una lucha por el reconocimiento y la igualdad de derechos. Por ejemplo, la ocupación de Wounded Knee en 1973 fue una protesta contra la corrupción de los gobiernos tribales y el incumplimiento por parte del gobierno estadounidense de los tratados firmados anteriormente. En esta protesta en concreto participaron oglala lakota y miembros del Movimiento Indio Americano, que pretendían abordar la miríada de problemas a los que se enfrentaban los indígenas estadounidenses en la época moderna, desde la falta de fondos para la educación hasta la brutalidad policial y la pobreza. Se llamó al FBI y a los US Marshals, y el asedio, que duró 71 días, se saldó con dos activistas muertos y otros dos desaparecidos, entre ellos el líder de los derechos civiles Ray Robinson. Un agente del FBI quedó paralítico y varios más resultaron heridos. En 2014, el FBI hizo público que Robinson había sido asesinado, quizá debido a un desacuerdo con los líderes tribales.

La ocupación de Wounded Knee formaba parte de una historia mucho más larga, por supuesto. En 1956, la Ley de Reubicación Indígena había ayudado a los nativos americanos a trasladarse de las zonas rurales a las ciudades para obtener oportunidades, pero también contribuyó a alejar a los nativos americanos de sus raíces culturales y a despoblar las tierras tribales. Esto se consideró parte de la llamada política de terminación india en Estados Unidos desde la década de 1940 hasta la de 1960. Los críticos argumentaban que este periodo, en el que se promulgó una gran cantidad de legislación federal y estatal, estaba diseñado para acabar con las tribus y obligar a los indígenas a abandonar su identidad tribal y convertirse simplemente en ciudadanos estadounidenses. En particular, citaron la Ley Pública 280, que pretendía transferir la aplicación de la ley en las reservas indias del control federal al control del sheriff local en varios estados. Esto quitaba a las tribus el poder de juzgar a los no nativos por delitos cometidos en las tierras de la reserva.

En 1978, el Movimiento Indio Estadounidense organizó la primera «larga marcha». Se trataba de una marcha espiritual por todo el país para concienciar sobre las actividades federales que afectarían negativamente a los indígenas estadounidenses. La marcha comenzó en la isla de Alcatraz, en San Francisco, y terminó en el monumento a Washington, en Washington D. C., recorriendo más de 5.000 kilómetros. Ese año, el Congreso aprobó la Ley de Libertad Religiosa de los Indios Americanos, que protegía varios aspectos de las prácticas religiosas de los nativos americanos. En 2008 se celebró otra «larga marcha», que centró la atención en la protección de los lugares sagrados, el cambio climático y la soberanía tribal, entre otras cuestiones.

Los expertos e investigadores que trabajan en la historia de los nativos americanos deben prestar especial atención a las actitudes contemporáneas de los nativos americanos que viven en Estados Unidos. Al igual que ocurre con los relatos de la historia afroamericana, los historiadores deben ser conscientes del público moderno y de las implicaciones de su trabajo. Los relatos de las Cinco Tribus Civilizadas no pueden contarse sin un contexto y una mayor comprensión de la experiencia de los nativos americanos. Se podría llegar a la conclusión de que la tribu cheroqui, por ejemplo, era descendiente de la cultura misisipiana, pero hay que recordar que, según la tradición oral cheroqui, la tribu existe desde tiempos inmemoriales. No son solo los historiadores los que cuentan la historia cheroqui; son ellos mismos los que la cuentan. Hoy se puede visitar www.cherokee.org y leer el relato de su historia, así como noticias actuales sobre su nación y las actividades de su tribu. La Nación Muscogui (Creek) también tiene un sitio web: www.muscogeenation.com. El sitio tiene poco de histórico, pero se centra más en el presente y en ofrecer noticias y recursos a los miembros de la tribu muscogui. Su historia es una historia viva, que se escribe hoy en informes trimestrales y en la aprobación de importantes proyectos de ley.

Los historiadores deben estar dispuestos a contar la historia completa de las Cinco Tribus. En el pasado, los historiadores querían presentar a los nativos americanos como salvajes y culparlos directamente de sus circunstancias. Estos primeros historiadores americanos no querían dar una imagen poco halagüeña del gobierno de Estados Unidos. Entonces empezaron a revelar los detalles de incidentes como las masacres de Sand Creek y Wounded Knee y la ruptura de tratados por parte del gobierno federal. Todos los libros de texto de historia estadounidense incluían al menos alguna información sobre el Sendero de las Lágrimas. Sin embargo, estos historiadores solían pasar por alto la esclavitud dentro de las Cinco Tribus y no mencionaban que no solo los nativos americanos, sino también los esclavos recorrieron el Sendero de las Lágrimas.

Los historiadores modernos intentan ofrecer una visión más holística de los relatos de los nativos americanos. En sus esfuerzos, deben enfrentarse a la realidad de que muchos nativos americanos copiaron las actitudes estadounidenses sobre raza y género para ser vistos como iguales a los estadounidenses blancos. Algunos nativos americanos lucharon contra la invasión de los estadounidenses y los británicos antes que ellos; otros se aliaron con los estadounidenses y lucharon contra otras tribus o incluso contra miembros de su propia tribu con los que no estaban de acuerdo. Sin duda, los nativos americanos fueron tratados de forma horrible en muchos casos, y casi todos los blancos asumieron que eran de una raza inferior. Sin embargo, es igual de cerrado de mente pensar en los nativos americanos como un grupo totalmente cohesionado. Eran y son una población de gente complicada con una amplia gama de motivos e intereses, no diferentes de los de cualquier otra sociedad —excepto, quizás, su larga historia de apropiación de sus tierras y su cultura por la persuasión y la fuerza, sin tener en cuenta sus derechos. Esta verdad es compartida por todas las tribus y grupos de nativos americanos del continente y los ha llevado a alinearse con otros pueblos indígenas tratados de forma similar, como las poblaciones nativas de Hawái y el pueblo maorí de Nueva Zelanda.

Conclusión

El legado de los nativos americanos es un tapiz colorido y a veces sombrío que resulta esencial para comprender la experiencia estadounidense. Los nombres de muchos estados, ciudades, universidades y ríos derivan de nombres de nativos americanos. La historia de la frontera estadounidense es casi siempre la historia de la lucha entre los nativos americanos que vivían y utilizaban la tierra y los colonos que querían la tierra. Sin embargo, la historia estadounidense tiene la costumbre de borrar la presencia de los nativos americanos. Incluso la idea de la frontera y de las tierras vírgenes no reclamadas que bordeaban los Estados Unidos en expansión desmiente el hecho de que las tierras vírgenes no eran tan salvajes y pertenecían a personas que cazaban y cultivaban la tierra. Los primeros colonos británicos atravesaban campos que consideraban cubiertos de maleza, sin darse cuenta de que en realidad estaban sembrados de maíz, judías y calabazas, pero no en hileras claramente definidas como estaban acostumbrados. Antes de la llegada de los europeos, los nativos americanos no disponían de hachas de metal, por lo que desbrozaban sus tierras mediante quemas controladas. Los árboles se talaban quemando un anillo en la base. Los europeos y los estadounidenses no reconocían los métodos que utilizaban los nativos americanos para mantener sus tierras y, por lo tanto, suponían que no habían hecho nada y que no tenían derechos sobre su tierra natal.

Cuando los nativos americanos aparecen en libros, películas y televisión, a menudo se los representa como el enemigo o un obstáculo que hay que superar. Muy pocas veces se los muestra en compañía de estadounidenses blancos, luchando junto a ellos. Los libros de historia y los sitios web se apresuran a hablar de los bastones rojos en la guerra Creek, pero a menudo omiten a los bastones blancos, que lucharon junto a los soldados estadounidenses para derrotar a sus pendencieros hermanos. En el entretenimiento popular, los nativos americanos han sido a menudo algo a lo que temer, pero en los tiempos modernos suelen ser algo a lo que venerar o a lo que compadecer. A menudo se muestra a los nativos americanos como seres inescrutables y quizá místicos. Rara vez se los representa como seres humanos, con debilidades y sueños. Los estadounidenses tienen dificultades para representarlos porque no son simplemente otro grupo cultural, sino un grupo con el que los estadounidenses blancos tienen una historia problemática.

Sin embargo, recientemente se han hecho esfuerzos para desechar los nombres ofensivos utilizados en el pasado y dados a equipos deportivos, carreteras y puentes, por nombrar algunos. Algunos estadounidenses han reconocido que ciertas cosas, como la presencia de un retrato de Andrew Jackson, serían ofensivas para los nativos americanos. Sin embargo, muchos estadounidenses aún desconocen la complicada historia de un hombre como Andrew Jackson con respecto a los nativos americanos. Por eso es tan importante contar la historia de los nativos americanos al público moderno. Solo si se tiene una visión de conjunto se puede comprender la situación actual. Con esta visión a gran escala en mente, es mucho más fácil abordar el mundo contemporáneo y ver posibles caminos hacia un futuro mejor.

Vea más libros escritos por Enthralling History

Bibliografía

Barnett, Jim. "The Natchez Indians - 2007-10". Mississippi History Now, https://www.mshistorynow.mdah.ms.gov/issue/the-natchez-indians. Consultado 9 de diciembre de 2022.

Champagne, Duane. The Native North American Almanac: A Reference Work on Native North Americans in the United States and Canada. Edited by Duane Champagne, Gale Research, 2001.

"Comanche | History & Facts". Britannica, 31 De octubre de 2022, https://www.britannica.com/topic/Comanche-people. Consultado el 28 de diciembre de 2022.

"Comanche (tribe) | The Encyclopedia of Oklahoma History and Culture". Oklahoma Historical Society, https://www.okhistory.org/publications/enc/entry?entry=CO033. Consultado el 28 de diciembre de 2022.

"The Creek War of 1813-1814". American Battlefield Trust, https://www.battlefields.org/learn/articles/creek-war-1813-1814. Consultado el 7 de enero de 2023.

"Early Choctaw History – Natchez Trace Parkway (U.S.)". National Park Service, 4 de noviembre de 2022, https://www.nps.gov/natr/learn/historyculture/choctaw.htm. Consultado el 9 de diciembre de 2022.

"Encyclopedia of the Great Plains | WOUNDED KNEE MASSACRE". Plains Humanities Alliance, http://plainshumanities.unl.edu/encyclopedia/doc/egp.war.056. Consultado el 13 de enero de 2023.

Estes, Roberta. "James Logan Colbert of the Chickasaws and Allied Trader Families". Native Heritage Project, 27 de diciembre de 2014, https://nativeheritageproject.com/2014/12/27/james-logan-colbert-of-the-chickasaws-and-allied-trader-families/. Consultado el 12 de diciembre de 2022.

Ethridge, Robbie. From Chicaza to Chickasaw: The European Invasion and the Transformation of the Mississippian World, 1540-1715. University of North Carolina Press, 2010.

Grinde, Donald, and Quintard Taylor. "Red vs Black: Conflict and Accommodation in the Post Civil War Indian Territory". American Indian Quarterly, vol. 8, no. 3, 1984, pp. 211-19. JSTOR, jstor.org.

"Hernando de Soto - Facts, Route & Death - Biography". Biography (Bio.), 1 De abril de 2014, https://www.biography.com/explorer/hernando-de-soto. Consultado el 3 De diciembre de 2022.

"History". Navajo Nation, https://www.navajo-nsn.gov/History. Consultado el 27 de diciembre de 2022.

"History & Culture - Sand Creek Massacre National Historic Site (U.S.)". National Park Service, 29 De agosto de 2022, https://www.nps.gov/sand/learn/historyculture/index.htm. Consultado el 9 de enero de 2023.

"History: The Navajo". Utah American Indian Digital Archive, https://utahindians.org/archives/navajo/history.html. Consultado el 27 de diciembre de 2022.

Knetsch, Joe. Florida's Seminole Wars, 1817-1858. Arcadia Publishing Company, 2003.

Landry, Alysa. "Martin Van Buren: The Force Behind the Trail of Tears". Indian Country Today, 23 De febrero de 2016, https://indiancountrytoday.com/archive/martin-van-buren-the-force-behind-the-trail-of-tears. Consultado el 2 de enero de 2023.

Lewis, James E. "The Black Hawk War: Introduction". Northern Illinois University Digital Library, https://digital.lib.niu.edu/illinois/lincoln/topics/blackhawk/intro. Consultado el 8 de enero de 2023.

"The Life of Silas Soule - Sand Creek Massacre National Historic Site (U.S.)". National Park Service, 14 de noviembre de 2019, https://www.nps.gov/sand/learn/historyculture/the-life-of-silas-soule.htm. Consultado el 9 de enero de 2023.

Mann, Charles C. 1491. Knopf Doubleday Publishing Group, 2005.

Martin, McKenzie. "Transylvania Company". ExploreKYHistory, https://explorekyhistory.ky.gov/items/show/384. Consultado el 8 de diciembre de 2022.

"Milestones: 1830-1860". Milestones: 1830-1860 - Office of the Historian, https://history.state.gov/milestones/1830-1860/indian-treaties. Consultado el 3 de enero de 2023.

"Mississippi Band of Choctaw Indians". Mississippi Band of Choctaw Indians, https://www.choctaw.org/aboutMBCI/history/index.html. Consultado el 9 de diciembre de 2022.

"Our Culture - Official Website of the Mescalero Apache Tribe". Mescalero Apache Tribe, https://mescaleroapachetribe.com/our-culture/. Consultado el 28 de diciembre de 2022.

"Pawnee (tribe) | The Encyclopedia of Oklahoma History and Culture". Oklahoma Historical Society, https://www.okhistory.org/publications/enc/entry.php?entry=PA022. Consultado el 23 de diciembre de 2022.

"Portrait of Arthur St. Clair". American Battlefield Trust, https://www.battlefields.org/learn/biographies/arthur-st-clair. Consultado el 6 de enero de 2023.

"Prehistoric Texas". Texas Beyond History, https://www.texasbeyondhistory.net/plateaus/peoples/apache.html. Consultado el 28 de diciembre de 2022.

"Pushmataha (U.S.)". National Park Service, 14 de septiembre de 2017, https://www.nps.gov/people/pushmataha.htm. Consultado el 9 de diciembre de 2022.

"Research Guides: Indian Removal Act: Primary Documents in American History: Digital Collections". Library of Congress Research Guides, 30 de septiembre de 2022, https://guides.loc.gov/indian-removal-act/digital-collections. Consultado el 3 de enero de 2023.

Rozema, Vicki, editor. Cherokee Voices: Early Accounts of Cherokee Life in the East. J.F. Blair, 2002.

Rozema, Vicki, editor. Voices from the Trail of Tears. J.F. Blair, 2003.

Rust, Randal, and Michael Toomey. "Transylvania Purchase". Tennessee Encyclopedia, https://tennesseeencyclopedia.net/entries/transylvania-purchase/. Consultado el 8 de diciembre de 2022.

Seelinger, Matthew. "The Battle of Fallen Timbers, 20 de agosto de 1794 - The Campaign for the National Museum of the United States Army". Army Historical Foundation, https://armyhistory.org/the-battle-of-fallen-timbers-20-de agosto de-1794/. Consultado el 6 de enero de 2023.

"The Seminole Wars". Florida Department of State, https://dos.myflorida.com/florida-facts/florida-history/seminole-history/the-seminole-wars/. Consultado el 8 de enero de 2023.

"Settlement, Trade, and Conflicts in Colonial South Carolina · The James Poyas Daybook: An Account of a Charles Town Merchant, 1760-1765 · Lowcountry Digital History Initiative". Lowcountry Digital History Initiative, https://ldhi.library.cofc.edu/exhibits/show/james_poyas_daybook_eighteenth/historical-context-settlement-. Consultado el 7 de diciembre de 2022.

"Shawnee Tribe". Dartmouth College Library Digital Collections, https://collections.dartmouth.edu/occom/html/ctx/orgography/org0089.ocp.html. Consultado el 22 de diciembre de 2022.

"Sioux - The Battle of the Little Bighorn and the cessation of war". Britannica, https://www.britannica.com/topic/Sioux/The-Battle-of-the-Little-Bighorn-and-the-cessation-of-war. Consultado el 24 de diciembre de 2022.

"Stickball". Choctaw Nation

"Story of the Battle - Little Bighorn Battlefield National Monument (U.S.)". National Park Service, https://www.nps.gov/libi/learn/historyculture/battle-story.htm. Consultado el 12 de enero de 2023.

"Tecumseh". Ohio History Central, https://ohiohistorycentral.org/w/Tecumseh. Consultado el 12 de diciembre de 2022.

"Tenskwatawa". Ohio History Central, https://ohiohistorycentral.org/w/Tenskwatawa. Consultado el 7 de enero de 2023.

"Tippecanoe Battle Facts and Summary". American Battlefield Trust, https://www.battlefields.org/learn/war-1812/battles/tippecanoe. Consultado el 7 de enero de 2023.

"Treaty of Fort Harmar (1789)". Ohio History Central, https://ohiohistorycentral.org/w/Treaty_of_Fort_Harmar_(1789). Consultado el 6 de enero de 2023.

"The Treaty of New Echota and the Trail of Tears". NC DNCR, 29 de diciembre de 2016, https://www.ncdcr.gov/blog/2015/12/29/the-treaty-of-new-echota-and-the-trail-of-tears. Consultado el 10 De diciembre de 2022.

Warren, Stephen. The Worlds the Shawnees Made: Migration and Violence in Early America. University of North Carolina Press, 2016.

Watts, Jennifer. "John Ross: Principal Chief of the Cherokee People". Tennessee State Museum, 2 de noviembre de 2021, https://tnmuseum.org/junior-curators/posts/john-ross-principal-chief-of-the-cherokee-people?locale=en_us. Consultado el 4 de enero de 2023.

Wilentz, Sean. Andrew Jackson: The American Presidents Series: The 7th President, 1829-1837. Edited by Arthur M. Schlesinger, Henry Holt and Company, 2005.

Wilson, James. The Earth Shall Weep: A History of Native America. Atlantic Monthly Press, 1999.

Yarbrough, Fay A. Choctaw Confederates: The American Civil War in Indian Country. University of North Carolina Press, 2021.

www.ingramcontent.com/pod-product-compliance
Lightning Source LLC
LaVergne TN
LVHW051746080426
835511LV00018B/3245